„Stille Nacht! Heilige Nacht!"

DIE BOTSCHAFT EINES LIEDES,

DAS DIE MENSCHEN DIESER WELT BERÜHRT

JOSEF A. STANDL

WISSENSCHAFTLICHE BERATUNG:
THOMAS HOCHRADNER
GERHARD WALTERSKIRCHEN

Copyright © 1997
by Verlag „Dokumentation der Zeit", 5110 Oberndorf

Josef A. Standl
Dr. Thomas Hochradner
Dr. Gerhard Walterskirchen

Bilder: Josef A. Standl
Illustration: Michael Standl
Druck: Salzburger Druckerei, Salzburg
Printed in Austria, 1997
Umschlagseite: Holzschnitt Gruber-Mohr-Kapelle,
Oberndorf bei Salzburg

ISBN 3-901881-00-X

„STILLE NACHT"
INHALT

ZUM GELEIT
Präsident Roland Soini 4
Landeshauptmann Univ.-Doz. Dr. Franz Schausberger ... 5

ENTSTEHUNGSGESCHICHTE
Oberndorf, Arnsdorf 6
Der Originaltext 11

BIOGRAFIE
Franz X. Gruber 13
Joseph Mohr 17

REZEPTIONSGESCHICHTE 21
„Stille Nacht" für Singstimmen und Gitarre 30

GEDENKSTÄTTEN
Orientierungsplan Nord 31
Oberndorf 32
Arnsdorf 49
Hochburg 59
Burghausen 65
Ried im Innkreis 67
Berndorf, Hof, Hintersee 69
Orientierungsplan Süd 71
Salzburg 72
Hallein 74
Wagrain 85
Mariapfarr 89

AUTOGRAFEN, ZEITGENÖSSISCHE ÜBERLIEFERUNG, LIEDSÄTZE 91

STILLE-NACHT-GESELLSCHAFT
Aufgaben und Tätigkeit der Gesellschaft 106
„Stille-Nacht"-Symposium 111

LITERATURVERZEICHNIS 116
EDITIONSVERZEICHNIS 119

„STILLE NACHT" IN ÜBERSETZUNGEN 120

Vorwort
Roland Soini, Präsident der Stille-Nacht-Gesellschaft

Verehrte Leserin, verehrter Leser!

Zu den Aufgaben der Stille-Nacht-Gesellschaft gehört die Erforschung des Stille-Nacht-Liedes, des Schaffens von Franz Xaver Gruber und Joseph Mohr, sowie die Drucklegung des Œuvre des Komponisten, das durch seine vollkommene Schlichtheit begeistert und leider viel zu wenig bekannt ist.

Ein wichtiges Ziel der Gesellschaft ist es aber auch, die aus der wissenschaftlichen Arbeit gewonnenen Erkenntnisse einer möglichst breiten Öffentlichkeit zugänglich zu machen. Dazu leistet der Autor dieses Stille-Nacht-Buches, Josef A. Standl, einen wertvollen Beitrag, und dafür sei ihm herzlich gedankt. Durch Bücher wie dieses wird wohl am wirkungsvollsten der „Verkitschung" des Stille-Nacht-Liedes und den Phantastereien um dessen Entstehung begegnet.

Über Initiative der Musikwissenschafter Dr. Gerhard Walterskirchen und Dr. Thomas Hochradner fand 1993 in Salzburg unter Federführung der Gesellschaft ein international ausgerichtetes Symposium zum Thema „175 Jahre Stille Nacht! Heilige Nacht!" statt. Davon profitieren auch die Leser dieses Buches: auf der Grundlage des Symposiums wird hier eine an den Fakten orientierte Berichterstattung geboten, die sich besonders auch mit der Schilderung des sozialen und politischen Umfeldes zur Zeit von Gruber und Mohr befasst.

Positiv anzumerken ist auch, dass sich dieses Buch vorzüglich als praktischer Führer durch die Stille-Nacht-Welt anbietet. Die historischen Stätten des Wirkens von Gruber und Mohr sind interessant beschrieben und vielfältig illustriert. Der Stille-Nacht-Tourist wird so leicht alles Wissens- und Schreibenswerte entdecken können.

Ich freue mich sehr, dass Ihre Wahl auf dieses Buch fiel und bin überzeugt, dass Sie an ihm viel Freude haben werden.

Roland Soini
Präsident der Stille-Nacht-Gesellschaft

GELEITWORT
LANDESHAUPTMANN UNIV.-DOZ. DR. FRANZ SCHAUSBERGER

Liebe Leserinnen und Leser!

Das Weihnachtslied „Stille Nacht! Heilige Nacht!" hat seit seiner Uraufführung 1818 in der St.-Nikolaus-Kirche in Oberndorf einen weltweiten Siegeszug angetreten. Mittlerweile ist dieses Lied in fast 200 Dialekte und Sprachen übersetzt und findet auf der ganzen Welt begeisterte Anhänger.

Besucher aus aller Welt, auch aus fremden Kulturkreisen, strömen heute in die Gedächtniskapelle nach Oberndorf, obwohl sie das Weihnachtsfest nicht im christlichen Sinne verbringen. Von diesem Lied scheint also eine besondere Faszination auszugehen.

Das Lied hat wie von selbst – ohne Betreiben von Seiten seiner Autoren Franz Xaver Gruber und Joseph Mohr – die Welt erobert. Erst um 1850 wurden Nachforschungen über den Autor und den Komponisten angestellt. Als deren Folge verfasste Gruber seine „Authentische Veranlassung". Dennoch ranken sich viele Mythen und Mutmaßungen um die Herkunft des Liedes.

Umso mehr begrüße ich das vorliegende Buch von Josef A. Standl, das einerseits wissenschaftliche Erkenntnisse über „Stille Nacht" beinhaltet und andererseits durch seine informative Präsentation zum Besuch der Gedenkstätten anregt.

Ich danke dem Autor und allen Mitarbeiterinnen und Mitarbeitern für dieses Buch und hoffe, dass es viele begeisterte Abnehmer finden wird. Möge es dazu beitragen, Spekulationen hintanzuhalten und das gesicherte Wissen um die Entstehung dieses berühmten Liedes allgemein zu verbreiten.

Landeshauptmann
Univ.-Doz. Dr. Franz Schausberger

„STILLE NACHT"
ENTSTEHUNGSGESCHICHTE

Die Pfarrkirche St. Nikolaus in Oberndorf, in der am Heiligen Abend des Jahres 1818 „Stille Nacht" uraufgeführt wurde.

„STILLE NACHT"
ENTSTEHUNGSGESCHICHTE

Als am Heiligen Abend 1818 in der Pfarrkirche St. Nikolaus in Oberndorf das Weihnachtslied „Stille Nacht! Heilige Nacht!" erstmals öffentlich erklang, erlebte die Gemeinde die Geburtsstunde eines Liedes, das bis heute die Menschen dieser Welt berührt. Es war das Werk zweier Freunde: des Hilfspriesters Joseph Mohr und des Lehrers Franz X. Gruber.

Ein Lied, das in einer schweren Zeit entstand

Europa lag nach der Agonie der Napoleonischen Kriege noch darnieder. Die alte Stadt Laufen an der Salzach mit ihren Schiffervororten Oberndorf und Altach war durch das Kampfgeschehen, die Besatzungen und Plünderungen der durchziehenden Truppen und die vorübergehende Einstellung des Salzhandels, der der Stadt zu einer Blüte verholfen hatte, besonders betroffen. Zudem teilte der „Territorial-Ausgleich" im Vertrag von München die Stadt: Laufen kam zu Bayern, die Vororte am rechten Ufer der Salzach blieben salzburgisch und gelangten an Österreich. 1816 kam es zur Bildung der provisorischen Pfarre St. Nikolaus in Oberndorf. Joseph Kessler wurde als Pfarrprovisor, Joseph Mohr im Jahre 1817 als Coadjutor (Hilfspriester) bestellt. Den Organistendienst besorgte Franz Xaver Gruber, Lehrer, Mesner und Organist aus dem nahen Arnsdorf.

Niedergang der Salzschifffahrt

Die Wirren der Kriege veränderten das Leben im Ort, Armut machte sich breit. Jahrhundertelang hatte der Handel mit Salz von Bad Reichenhall und Hallein bis Wien und weiter in die Länder der Donaumonarchie den Bürgern Reichtum und den Schiffern Wohlhabenheit gebracht. Die Ansiedlung, einst von den Kelten gegründet, wurde von den Römern gefestigt und im Mittelalter ausgebaut. Die Kirche St. Nikolaus ist bereits 1160 urkundlich erwähnt. Nach einem Brand entstand um 1770 ein kleiner, doch prächtiger Rokokobau.

Die Stadt verfügte bereits 1540 über eine zentrale Wasserversorgung, ein Spital und andere soziale Einrichtungen. Schiffer-Bruderschaften prägten das gesellschaftliche Leben im Ort und regelten sogar das Zusammenleben der Gemeinde. Die Schiffer werden als rauh, aber gutmütig und gläubig beschrieben, wie es sich auch in ihren Bräuchen widerspiegelt.

„STILLE NACHT"
ENTSTEHUNGSGESCHICHTE

Kircheninneres der Oberndorfer Schifferkirche St. Nikolaus.

„STILLE NACHT"
ENTSTEHUNGSGESCHICHTE

„Stille Nacht" – aus der Not geboren

Die allgemeine Armut wirkte sich auch auf die junge Pfarrgemeinde nachhaltig aus. Die Kosten für ihre Neugründung konnten kaum gedeckt werden und die notwendigsten Ausgaben mussten genau überlegt sein.

Kurz vor Weihnachten erwies sich die Orgel der St.-Nikolaus-Kirche als nahezu unbespielbar. An eine Reparatur des schadhaften Positivs war wegen des akuten Geldmangels vorerst nicht zu denken.

Dies mag für Gruber und Mohr Anlass gewesen sein, die Christmette mit einem neuen Weihnachtslied und unter Verwendung der damals bei Gottesdiensten höchst ungewöhnlichen Gitarrenbegleitung musikalisch zu gestalten.

Die oftmals vertretene Version, Mäuse hätten die Bälge des Orgelpositivs kurz vor dem Heiligen Abend beschädigt, weshalb es zur Aufführung von „Stille Nacht! Heilige Nacht!" gekommen sei, wird von Wissenschaftern für nicht haltbar erachtet. Es gibt keinerlei Dokumente über ein Versagen der Orgel.

Zwei Freunde schufen das unsterbliche Lied

Welche glücklichen Umstände mögen Regie geführt haben, dass zwei junge Menschen, Freunde, sich zusammenfanden und in großer Übereinstimmung ein schlichtes Lied schrieben, welches später „unsterblich" wurde?

Das schlichte Lied, das sie schufen, entstand nicht mit dem Anspruch hoher Kunst, nicht für Ruhm und Ehre, schon gar nicht für Honorar, sondern als „einfache" Komposition für die Menschen von Oberndorf und für den Heiligen Abend des Jahres 1818. Doch Mohr und Gruber wären heute längst vergessen, hätten sie nicht dieses Lied erdacht.

Die Anregung dazu gab Mohr, als er Gruber kurz vor dem Heiligen Abend ein Gedicht übergab mit der Bitte, dieses zu vertonen. Gruber hatte bereits zuvor eine Reihe von Gelegenheitskompositionen verfasst.

Mit der Melodie zu „Stille Nacht! Heilige Nacht!" gelang es ihm jedoch, die Weihnachtsstimmung der einfachen wie auch der gebildeten Menschen anzusprechen.

„STILLE NACHT"
ENTSTEHUNGSGESCHICHTE

Text und Melodie der „Urfassung"

Was sich an diesem Heiligen Abend wirklich begab, haben beide Schöpfer als ihr Geheimnis bewahrt. Erst später, als das Lied – nicht selten anonym – eine weitere Verbreitung fand, wurden auch Details der Entstehungsgeschichte bekannt. Gruber selbst hielt die damaligen Ereignisse 1854 in einem kurzen Bericht fest, den er mit „Authentische Veranlassung" überschrieb. Demnach hatte ihm Joseph Mohr am Heiligen Abend ein Gedicht überreicht mit der Bitte, es für zwei Singstimmen, Chor und Gitarrenbegleitung zu vertonen. Noch am selben Abend überreichte er Mohr seine „einfache" Komposition, die kurz darauf in der Christmette erstmals zur Aufführung gebracht wurde. Mohr sang Tenor und begleitete auf der Gitarre, Gruber übernahm die Unterstimme. Die beiden Schlussverse wurden vom Chor wiederholt.

Die Besucher der Christmette in Oberndorf waren die Ersten, welchen jenes Weihnachtslied zu Gehör gebracht wurde, das Jahre später, als die Umstände seiner Entstehung längst vergessen waren, eine ungeahnte Verbreitung nahm.

Verbreitung des Liedes durch den Orgelbauer

Joseph Mohr, der lebensnahe Priester, wurde nach etwa zwei Jahren von Oberndorf nach Kuchl versetzt – die Erste einer Reihe von mehr als zehn Pfarrstellen, an denen er in der Folge wirkte. Franz X. Gruber konnte schließlich von der vorgesetzten Dienststelle die Genehmigung für ein neues Orgelwerk erwirken. Der Orgelbauer Carl Mauracher aus Fügen im Zillertal, der schon eine Orgelreparatur im benachbarten Arnsdorf ausgeführt hatte, errichtete 1825 den Neubau. Er soll während der Arbeiten, die an die sechs Wochen dauerten, auch Kenntnis von der Melodie erlangt haben.

In seiner Tiroler Heimat wurde das Lied der Sängergruppe der Handschuhmacher-Familie Strasser in Laimach bekannt. Sie trug das Lied bei ihren zahlreichen Geschäftsreisen nach Deutschland vor, wo es vermutlich im Jahre 1831 in Leipzig einem größeren Kreise vorgestellt wurde. Fortan galt „Stille Nacht" als „Tiroler Volkslied"; auch am Hofe von Friedrich Wilhelm IV. in Berlin, der das Lied angeblich besonders geschätzt hat, waren die Autoren unbekannt.

„STILLE NACHT"
ENTSTEHUNGSGESCHICHTE

STILLE NACHT! HEILIGE NACHT!
DER ORIGINALTEXT

1

Stille Nacht! Heilige Nacht!
Alles schläft; einsam wacht
Nur das traute heilige Paar.
Holder Knab' im lockigten Haar,
Schlafe in himmlischer Ruh!
Schlafe in himmlischer Ruh!

2

Stille Nacht! Heilige Nacht!
Gottes Sohn, o wie lacht
Lieb' aus deinem göttlichen Mund,
Da uns schlägt die rettende Stund'.
Jesus in deiner Geburt!
Jesus in deiner Geburt!

3

Stille Nacht! Heilige Nacht!
Die der Welt Heil gebracht,
Aus des Himmels goldenen Höhn,
Uns der Gnaden Fülle läßt sehn,
Jesum in Menschengestalt!
Jesum in Menschengestalt!

4

Stille Nacht! Heilige Nacht!
Wo sich heut alle Macht
Väterlicher Liebe ergoß,
Und als Bruder huldvoll umschloß
Jesus die Völker der Welt,
Jesus die Völker der Welt!

5

Stille Nacht! Heilige Nacht!
Lange schon uns bedacht,
Als der Herr vom Grimme befreit
In der Väter urgrauer Zeit
Aller Welt Schonung verhieß,
Aller Welt Schonung verhieß!

6

Stille Nacht! Heilige Nacht!
Hirten erst kundgemacht
Durch der Engel Alleluja,
Tönt es laut bei Ferne und Nah:
Jesus der Retter ist da!
Jesus der Retter ist da!

(Text nach Autograf VII)

"STILLE NACHT"
ENTSTEHUNGSGESCHICHTE

"Stille Nacht! Heilige Nacht!", Titelseite von Autograf IV (Stille-Nacht-Archiv, Keltenmuseum, datiert 12. Dezember 1836)

BIOGRAFIE
FRANZ XAVER GRUBER

Franz Xaver Gruber, geboren im Jahre 1787 in Hochburg im Innviertel, war als Lehrer und Organist in dem zu Oberndorf benachbarten Arnsdorf tätig, als er 1818 das Weihnachtslied komponierte. Seit 1835 wirkte Gruber als Chorregent in Hallein, wo er 1863 im 76. Lebensjahr starb.

Vom Leinwebersohn zum Komponisten

Die Lebenswege der Schöpfer von „Stille Nacht" standen lange Zeit im Schatten der Entstehungsgeschichte des Liedes. Erst das 100-Jahr-Jubiläum im Jahre 1918 hat auch das Interesse an der Biografie der Autoren verstärkt geweckt.

Gruber wurde am 25. November 1787 den Leinwebersleuten Joseph und Anna Gruber, geb. Danner, in der Steinpointsölde in Unterweitzberg 9 in der Pfarre Hochburg geboren.

Das Innviertel war kurz zuvor nach dem „Erdäpfelkrieg" von Bayern an Österreich abgetreten worden. Vom Vater war Franz Xaver für das Weberhandwerk bestimmt, von dem man recht und schlecht leben konnte. Der Schulmeister des Ortes, Andreas Peterlechner (1766 bis 1836), Lehrer des Buben, erkannte bald die Begabung seines Schülers und widmete sich seiner musikalischen Instruktion. Er war es auch, der den Vater überredete, Franz Xaver die Ausbildung zum Lehrer zu ermöglichen. Es war in jener Zeit kein Leichtes gewesen, Kindern ein Studium zu finanzieren.

Peterlechner hat Gruber wahrscheinlich auch ersten Unterricht im Orgelspiel erteilt, das er 1805 und 1806 beim Stadtpfarrorganisten aus dem nahen Burghausen, Georg Hartdobler, vervollkommnete. Damals bereitete sich Gruber auf den Lehrberuf vor. Die abschließenden Prüfungen legte der Schüler 1806 in Ried i. I. ab und wiederholte sie im folgenden Jahr in Salzburg, um auch hier die Lehrbefugnis zu erhalten. Die vorgeschriebene Schulgehilfenzeit absolvierte er bei seinem Förderer Peterlechner in Hochburg. Seinen ersten selbstständigen Dienst trat er am 12. November 1807 in Arnsdorf an. So wie viele Lehrer zu dieser Zeit, besserte er das schlecht dotierte Gehalt mit Einkünften auf, die er aus dem Mesner- und Organistendienst erzielte.

Gelegenheits-
kompositionen

Bereits in frühen Jahren begann Gruber kleine Musikstücke zu komponieren. Als ehestes Werk gilt, einer späteren Erwähnung in der Literatur zufolge, ein „Predigtlied auf die heilige Fastenzeit", das mit 1804 datiert ist. Seine in Arnsdorf entstandenen Kompositionen waren vor allem für bestimmte Anlässe gedacht, darunter auch das Weihnachtslied „Stille Nacht! Heilige Nacht!". Ein Jahr später widmete Gruber seinem Paten Franz Xaver Dicker das Hochzeitslied „Laßt ein Jubellied erschallen".

Von 1816 bis 1829 versah Gruber zudem den Kantoren- und Organistendienst an der St.-Nikolaus-Kirche im nahen Oberndorf an der Salzach. Die erhoffte Stelle als Lehrer in Oberndorf blieb aber unerreichbar, weil die Benediktinerabtei von Michaelbeuern, zu der die Schule von Arnsdorf gehörte, keine Freigabe erteilte. Auch die 1827 freigewordene Mesnerstelle in St. Nikolaus erhielt Gruber nicht. Daraufhin kündigte er seinen Dienst in Oberndorf und bewarb sich 1829 erfolgreich um die freie Stelle als Lehrer und Mesner in Berndorf. Hier wirkte er vier Jahre lang.

Sein Zeugnis bescheinigte Grubers pädagogisches Talent, augenscheinlich war er ein Lehrer mit „Leib und Seele". Als ihm die Stelle eines Chorregenten und Organisten an der Stadtpfarrkirche Hallein angeboten wurde, bewarb er sich um diesen Posten, weil er dadurch seine Berufung als Musiker bestätigt sah. Vom Zeitpunkt seiner Ernennung, den 2. Juli 1835 an, stand Musik im Vordergrund seiner beruflichen Tätigkeit. Die Chorregentenstelle in Hallein verschaffte ihm ein entsprechendes Ansehen in der Bürgerschaft der Stadt. In den nahezu drei Jahrzehnten seines Wirkens gelang Gruber die Neuorganisation der Kirchenmusik an der Stadtpfarrkirche, wofür zahlreiche seiner Kompositionen entstanden. Regen Anteil nahm er auch am bürgerlichen Musikleben und zählte 1848 zu den Gründungsmitgliedern der Halleiner Liedertafel.

In Hallein wirkte er 28 Jahre lang, bis er am 7. Juni 1863 an Altersschwäche starb.

BIOGRAFIE
FRANZ XAVER GRUBER

Franz Xaver Gruber (1787 bis 1863), Komponist von „Stille Nacht! Heilige Nacht!" (Gemälde von Thomas Ploner, Oberndorf).

BIOGRAFIE
FRANZ XAVER GRUBER

Familienverhältnisse

Franz X. Gruber war dreimal verheiratet. Im Alter von 20 Jahren vermählte er sich am 6. Juli 1807 mit der wesentlich älteren Elisabeth Fischinger, Witwe nach Anton Dürnberger und Andrä Engelsberger; sie brachte zwei Kinder, aber auch den Dienstposten ihres verstorbenen Gatten, in die Ehe ein. Nach ihrem Tod am 15. August 1825 heiratete Gruber im Jahr danach seine ehemalige Schülerin Maria Breitfuß, Brodmannstochter aus Arnsdorf. Das Ehepaar übersiedelte 1835 nach Hallein, wo Maria am 26. April 1841 starb. Bereits am 25. Jänner 1842 ging Gruber abermals den Bund der Ehe ein: die Verbindung mit Katharina Rieser, einer Witwe aus Böckstein, blieb kinderlos.

Sohn Franz, geboren 1826, wurde Lehrer und später Chormeister der Liedertafel. Sohn Felix, geboren 1840, wurde Nachfolger des Vaters als Chorregent an der Stadtpfarrkirche. Dessen Söhne Franz X. und Felix erbten das musikalische Talent des Großvaters und erlangten als Chorregent in Meran und Domkapellmeister in Salzburg bzw. als Konzertsänger überregionale Bedeutung.

Musikalisches Wirken

F. X. Grubers musikalisches Schaffen ist umfangreich und steht fast ausschließlich im Dienste der Kirche. Es werden nahezu 200 Werke gezählt, die aus seiner Feder stammen.

Die musikalischen Wurzeln fußen in der Volksmusik des Innviertels. In Hallein komponierte Gruber nur selten Gelegenheitswerke, indes größtenteils für die Bedürfnisse der lokalen Kirchenmusik.

Ein Gesamtverzeichnis der an der Stadtpfarrkirche vorhandenen Musikalien, angelegt im Jahre 1848, umfasst ca. 285 Werktitel. Es ist gegliedert in lateinische Festtagsmessen, lateinische Jahr- und Hochzeitsmessen, Offertorien, Gradualien, lateinische Vespern, deutsch textierte kirchenmusikalische Werke u. a. m.

Ein weiteres Musikalieninventar aus dem Jahre 1861, zwei Jahre vor dem Tode Grubers verfasst, verzeichnet den Großteil der von Gruber komponierten kirchenmusikalischen Werke und Andere, die Gruber für den lokalen Gebrauch beschafft hatte. Zahlreiche Bestände sind heute verschollen.

BIOGRAFIE
JOSEPH MOHR

Joseph Mohr wurde 1792 in Salzburg geboren, 1815 zum Priester geweiht, 1817 in St. Nikolaus in Oberndorf als Coadjutor angestellt, wo er zwei Jahre lang wirkte. Mohr wurde sodann in verschiedene Pfarren versetzt. Er starb 1848 in Wagrain.

Ein volksverbundener junger Priester

Joseph Mohr stammte aus tristen sozialen Verhältnissen.

Am 11. Dezember 1792 hatte die unverheiratete Strickerin Anna Schoiber, 35-jährige Tochter eines Halleiner Salzamtschreibers, das dritte ihrer vier ledigen Kinder im Noestlerhaus Nr. 427, der heutigen Steingasse 9, in Salzburg zur Welt gebracht.

Der angebliche Vater von Joseph, der aus Mariapfarr im Lungau stammende Soldat des Salzburger Militärs, Joseph Franz Mohr (1764 bis 1814), war seit dem 21. Juni 1792 fahnenflüchtig. Der Rechtsauffassung dieser Zeit entsprechend erhielt das uneheliche Kind den Namen des Vaters.

Erst eine finanzielle Unterstützung des Salzburger Domvikars Johann Nepomuk Hiernle (1765 bis 1850) ermöglichte Joseph das Studium.

Der aufgeweckte Schüler zeigte bald sein besonderes Interesse an Musik und tat sich als Sänger und Violinist bei musikalischen Aufführungen des Lyzeums und des Benediktinerklosters St. Peter in Salzburg hervor.

In den Jahren 1808 bis 1810 studierte Mohr Philosophie am Gymnasium des Benediktinerstiftes Kremsmünster in Oberösterreich; auch hier beteiligte er sich rege am klösterlichen Musikleben.

Anschließend, bis zu seiner Priesterweihe am 21. August 1815, studierte er Theologie an der Universität in Salzburg.

Die Vorliebe des jungen Priesters gehörte allerdings der Musik.

Seine Vorgesetzten urteilten wenig später über ihn: *„Sein Wesen ist noch jugendlich, unbesonnen, hingebend – Purschenmäßig geht er mit der langen Tabakpfeife, den Beutel an der Seite, über die Gassen"* (Pfarrprovisor Nöstler am 5. Oktober 1818 in einem Beschwerdebrief an das Konsistorium in Salzburg).

BIOGRAFIE
JOSEPH MOHR

Wirkungsstätten

Die ersten Stationen als junger Priester führten Mohr nach Ramsau bei Berchtesgaden und Mariapfarr im Lungau, der Heimat seines angeblichen Vaters. Das rauhe Klima behagte dem physisch schwächlichen Mohr nicht und er erkrankte. Den Genesungsurlaub verbrachte er in der Stadt Salzburg und leistete danach in Oberndorf Aushilfe in der Seelsorge, wohin ihn der aus Mariapfarr gebürtige Pfarrprovisor Joseph Kessler (1781 bis 1850) berief. Mohr suchte um Versetzung an und wurde am 18. Oktober 1817 als Coadjutor der Pfarre St. Nikolaus bestellt.

Viele Beschwerden, welche der Nachfolger von Pfarrprovisor Kessler, Georg Heinrich Joseph Nöstler (1770 bis 1826), gegen seinen Hilfspriester führte, sollen ihn zu einem Gesuch um Versetzung veranlasst haben. Die weiteren zahlreichen Stationen seines Lebensweges, die ihn u. a. nach Kuchl, Golling und eine Reihe weiterer Pfarren im Salzburger Land brachten, entsprechen der Laufbahn eines Geistlichen dieser Zeit.

Ein Grund für die oftmalige Versetzung des jungen Priesters dürfte überdies weniger in der schlechten Dienstbeschreibung als vielmehr im schlechten Gesundheitszustand zu suchen sein. Ein ärztliches Zeugnis vom 17. August 1824 stellte bei dem zu dieser Zeit in Anthering wirkenden Priester eine wohl erblich bedingte Anlage zur Lungenschwindsucht fest; seine Mutter starb drei Jahre später an einer Lungenkrankheit. Im ärztlichen Befund wurde Mohr attestiert, dass er nur für einen mit geringen Anstrengungen verbundenen Posten geeignet sei.

1827 kam Mohr nach Hintersee, einer kleinen Pfarre im Flachgau, wo er bald mit dem Amt des Vikars betraut wurde. Im März 1837 wurde er in seiner letzten Dienststelle, Wagrain, als Pfarrvikar installiert. Dort starb Mohr am 4. Dezember 1848 an den Folgen einer Lungenlähmung. Sein Wirken beschränkte sich nicht bloss auf die Seelsorge, sondern schloss soziale Maßnahmen zum Vorteil der Bevölkerung und pädagogische Verbesserungen mit ein. So konnte 1838 auf sein Betreiben hin ein neues Schulhaus seiner Bestimmung übergeben werden.

BIOGRAFIE
JOSEPH MOHR

Joseph Mohr (1792 bis 1848), Textdichter von „Stille Nacht! Heilige Nacht!" (Gemälde von Thomas Ploner, Oberndorf).

BIOGRAFIE
JOSEPH MOHR

Der letzte Scharfrichter Salzburgs als Taufpate

Ledige Kinder waren zu jener Zeit mit dem Makel der Illegitimität behaftet.
Als Mohrs Mutter Anna Schoiber zum vierten Mal ein uneheliches Kind erwartete, wurde die Geburt im behördlich vorgeschriebenen „Fornikationsprotokoll" am 3. Februar 1796 wie folgt registriert: „*Anna Schoiberin... ernähre mich mit Handarbeit, und nie innegelegen (eingesperrt), zeige mich an, daß ich mit Felix Dreithaller, Tagwerker allhier... fleischlich verbrochen habe und schwanger sey. Dieß ist mein 4tes Verbrechen... das dritte Verbrechen geschah vor drei Jahren mit dem Soldat Jos: Mohr der von hier desertirte. Das Kind ein Knab lebt und hat v. gemeinen Almosen wöchentlich 30 Kr(euzer). Ich bin wegen meinem dritten Verbrechen nie abgestraft worden. Worauf sie mit Vorbehalt der Strafe entlassen worden".*

Taufpate wurde der letzte Salzburger Scharfrichter, Joseph Wohlmuth, der sich allerdings von seiner Haushilfe Franziska Zach vertreten ließ.

Beschwerden über den lebenslustigen Priester

Das Wesen des jungen Priesters gab in Oberndorf bald Anlass zu Beschwerden seines Vorgesetzten an das Konsistorium in Salzburg. Pfarrprovisor Nöstler berichtete, dass Mohr „*nicht der Mann sey, dem eine weise Überlegung, ein sichtlicher Fleiß in seel. sorgl. Geschäften, fortgesetztes Berufs Studium, besondere Freude zur Schule und Kranken-Besuch, endlich der ganz tadellose priesterliche Wandel, am wenigsten der nöthige Subordinat. Geist beywohnte".*
Bei Hochwasser sei er gleich anderen Schifferbuben im Nachen herumgefahren. Mohr beginne die Kirchenkatechesen mit Schopfen und Ohrenziehen und singe „*oft nicht erbauliche Lieder".*
Der zuständige Dechant Johann Felix Perner aus St. Georgen, der vom Konsistorium zu einer Stellungnahme aufgefordert wurde, bestätigte diese Anschuldigungen nicht. Vielmehr verwies er darauf, dass die Gemeinde Mohrs Predigten gerne höre, was nicht auf eine Vernachlässigung seiner pastoralen Aufgaben hinweise.

„STILLE NACHT"
REZEPTIONSGESCHICHTE

Ursprünglich als Kirchenlied konzipiert, wurde „Stille Nacht" zunächst als „Volkslied" weitergereicht. Weltweite Verbreitung und konfessionell übergreifende Akzeptanz verdankt es auch und vor allem dem Umstand, dass sich der Text eng an die biblische Heilsbotschaft schließt.

Von Thomas Hochradner

Volkslied oder stilisiertes Kunstlied?

Eine unübersehbare Zahl von Einspielungen auf Schallplatten, Musikkassetten und Compact Discs, von Fassungen und Bearbeitungen, in welchen das Weihnachtslied rund um die Erde gesungen wird, schließlich Kino- und Fernsehfilme und ein umfassendes Angebot von Veröffentlichungen zur Entstehungsgeschichte von „Stille Nacht! Heilige Nacht!" lassen dieses Lied zur musikalischen Dutzendware, einem Objekt der Vermarktungsstrategie, nicht selten zu einem bloßen Klischee von Weihnachten werden.

Es führte zu weit, eine von Wissenschaft und Forschung ausgetragene Diskussion über die Vorzüge und Nachteile der Melodiegestaltung, über Anregungen, von denen Mohr und Gruber sich vielleicht leiten ließen, in ihren Einzelheiten zu verfolgen.

Nach neuesten Erkenntnissen handelt es sich weitgehend um eine schöpferische Eigenleistung der beiden Autoren, die sowohl für den Text als auch in der Melodie ein volkstümliches Idiom mit traditionell-weihnachtlichen Topoi verband.

„Stille Nacht! Heilige Nacht!" lässt sich demnach weder als typisches Volkslied noch als stilisiertes Kunstlied beschreiben, und gerade diese relative Selbstständigkeit hielt den verschiedensten sozialen Schichten, Konfessionen und Nationen stets einen Zugang zu diesem Lied offen und brachte der Liedrezeption jene außergewöhnliche, faszinierende Breite.

Alljährlich werden am Heiligen Abend in Oberndorf und Hallein Gedenkstunden abgehalten, feierliche Momente, in denen „Stille Nacht" gleichsam zurückkehrt in eine heimatliche Idylle. Eine Idylle, wie sie freilich bei der ersten Aufführung im Jahre 1818 so nicht gegeben war.

„STILLE NACHT"
REZEPTIONSGESCHICHTE

Ein katholisches Weihnachtslied

Ursprünglich war „Stille Nacht" als Beitrag zur Christmette des Jahres 1818 in der kleinen Oberndorfer St.-Nikolaus-Kirche mithin als „Kirchenlied" konzipiert und als solches verbreitete es sich in regionalem Rahmen, indem es in Schullehrer- und Organistenkreisen abschriftlich von Hand zu Hand gereicht wurde. Dies jedoch geschah keineswegs „textgetreu", sondern in einer beständig leichten Abwandlung, welche die Massgabe einer verbindlichen Fassung nicht zuließ.

Anstelle der in der Kirchenmusik nicht gebräuchlichen Gitarre griff man in der Regel zur Orgelbegleitung zurück, und auch sonst differierte die Besetzung dieser handschriftlichen Überlieferung je nach den lokalen Aufführungsmöglichkeiten.

Mitunter wurde Franz Xaver Gruber persönlich mit der Bitte um eine Übersendung des Liedes befasst. Weil Gruber diese Wünsche bereitwillig erfüllte, dabei aber über Jahrzehnte hinweg das Lied mit immer neuen minimalen Varianten aufzeichnete, ergaben sich von Mal zu Mal leichte Divergenzen sogar innerhalb der autorisierten Überlieferung.

Doch alle Abweichungen, die im Zuge der handschriftlichen Weitergabe eintraten, blieben insofern nebensächlich, als sie das zentrale Moment der Funktion nicht berühren. „Stille Nacht" fand als eines der vielen apokryphen, offiziell nicht anerkannten Lieder, die im Lauf des 19. Jahrhunderts für diesen Zweck entstanden, grundsätzlich im weihnachtlichen Gottesdienst Verwendung.

Gruber selbst hielt zeitlebens an dieser Rezeptionsebene fest. Bald nach seinem Amtsantritt als Chorregent an der Halleiner Stadtpfarrkirche richtete er „Stille Nacht" für das dort zu Weihnachten verfügbare größere Orchester ein. Zudem versandte er seine Komposition in verschiedentlichen Besetzungen, und noch seine letzte autografe Niederschrift (Autograf VII) wird im Titel als „Kirchenlied auf die heilige Christnacht" bezeichnet.

„STILLE NACHT"
REZEPTIONSGESCHICHTE

Im Zeichen des Folklorismus

Unter solchen Voraussetzungen wäre die Verbreitung des Liedes räumlich begrenzt geblieben. Dass der gewöhnliche Rahmen gesprengt wurde, beruht letztlich auf einem „Glücksfall" der Rezeptionsgeschichte. Vermutlich war es der mit Gruber seit einer Reparatur der Arnsdorfer Orgel (1821) und der Neuerrichtung einer Orgel in Oberndorf (1825) in Kontakt stehende Orgelbauer Carl Mauracher, der „Stille Nacht" in seiner Zillertaler Heimat bekannt machte.

Jedenfalls gelangte das Lied relativ rasch in das Repertoire der vorwiegend aus dem Zillertal stammenden sog. „Tiroler Sängergesellschaften" und wurde von diesen bald professionellen Ensembles bei Konzerttourneen in Deutschland, dann in ganz Europa und Übersee gesungen.

In folkloristischen Darbietungen und versetzt mit jenem Anflug von originäralpenländischer Lebenswelt, welcher damals vorübergehend eine Tyrolienne-Euphorie auslöste, erhielt „Stille Nacht" die Aura, nachfolgend auch den Status eines „Volksliedes".

Als die Geschwister Strasser, während sie als Handschuhmacher auf der Leipziger Messe ausstellten und durch Konzerte ein Zubrot verdienten, das Lied wahrscheinlich 1831, spätestens aber im Jahr darauf öffentlich vortrugen, als es wohl auch die Geschwister Rainer bei ihren seit 1824 unternommenen Reisen mit Auftritten in Deutschland, Russland, England und den Vereinigten Staaten von Amerika (1839) zumindest gelegentlich ins Programm nahmen, reüssierten sie mit „Stille Nacht" gerade aufgrund einer völligen Absenz seiner Autoren im Bewusstsein sowohl der Ausführenden als auch des Publikums.

Die Schimäre eines „Volksliedes" blieb dem Lied in gewisser Ansicht mit dem Prädikat seiner „weltweiten Verbreitung" erhalten.

„Stille Nacht" wurde mittlerweile in mehr als 170 Sprachen übersetzt und gilt, Umfragen zufolge, als weitaus bekanntestes Lied auf der Erde.

„STILLE NACHT"
REZEPTIONSGESCHICHTE

Die erste gedruckte Verbreitung erfuhr „Stille Nacht" als eines von „Vier ächten Tyroler Liedern" im Verlag von A. R. Friese, Leipzig bzw. Dresden, wobei Hinweise auf die Autoren Gruber und Mohr und den Entstehungsort Oberndorf fehlen.

Tiroler Sänger trugen das Lied als „Tyroler Lied" nach Deutschland, Europa und Amerika. Im Bild die Geschwister Rainer.

„STILLE NACHT"
REZEPTIONSGESCHICHTE

Ein Lied – zwei Versionen

Für die konfessionell übergreifende Akzeptanz des Weihnachtsliedes von außerordentlicher Bedeutung war der Umstand, dass der Text von Joseph Mohr sich eng an die biblische Heilsbotschaft schließt, somit anders als bei vielen katholischen geistlichen Liedern auch in den evangelischen Gebieten Anklang finden konnte.

Bald nach den Leipziger Konzerten der Geschwister Strasser erschien bei A. R. Friese in Dresden der Erstdruck des Liedes, worin allerdings die Melodie innerhalb einiger Takte in erheblich veränderter Gestalt wiedergegeben ist; „Stille Nacht" wird von Friese – dem allgemeinen Wissensstand der Zeit entsprechend – als „Tiroler Volkslied" ausgewiesen. In eben dieser Version enthalten es u. a. ein 1838 in Leipzig aufgelegtes Gesangbuch, eine 1843 in Kopenhagen veröffentlichte Sammlung und der im selben Jahr aufgelegte „Musikalische Hausschatz der Deutschen" von Gottfried W. Fink, eine Publikation, die wenig später auch in Salzburg greifbar war. Ebendort dürfte Gruber sein Lied aufgespürt und die einschneidenden Differenzen zur ursprünglichen Fassung bemerkt haben, unternahm aber vorderhand nichts dagegen. 1854 jedoch sah Gruber angesichts einer Anfrage der Königlichen Hofmusikkapelle in Berlin nach dem Autor von „Stille Nacht", welche ihn auf Umwegen erreichte, eine Gelegenheit gegeben, in einem „Authentische Veranlassung" betitelten Text die Umstände der Entstehung des Liedes eingehend zu schildern und auch den musikalischen Sachverhalt zurechtzurücken. Durch Beigabe einer Abschrift („dem Originale gleichlautend", wie Gruber schreibt) trachtete er, der durch die deutsche Liedrezeption ohne sein Zutun veränderten Melodieführung entgegenzuwirken, brachte aber weder seine Autorschaft noch die originale Fassung entscheidend wieder ins Spiel. Erst als die Darstellung der „Authentischen Veranlassung", beginnend mit Nachforschungen Ludwig Erks im Rahmen der Vorarbeiten zu einer Neuauflage des Deutschen Liederhortes (zuerst 1856), von der wissenschaftlichen Forschung beachtet wurde, begannen die Autoren ein breites öffentliches Interesse zu wecken.

„STILLE NACHT"
REZEPTIONSGESCHICHTE

Spärliche Nachrichten führen zu Spekulationen

Die „Authentische Veranlassung" steht zu Anfang zweier Tendenzen, die bis heute die Entstehungs- und Liedgeschichte von „Stille Nacht" begleiten. Einesteils ist es die Mythifizierung der Entstehungsgeschichte, die etwa aus einer schadhaften Orgel ein unbespielbares Instrument folgerte und schließlich eine hungrig am Blasbalg nagende Maus für diesen Umstand verantwortlich machte. Diese Idee, vermutlich von Hertha Pauli in ihrem 1954 publizierten Buch „Ein Lied vom Himmel" erstmals geäußert, hat sich zu einem Standard der erzählenden Lektüre, aber auch der filmischen Darstellung verfestigt.

Solcherart ausgeschmückte und, z. B. bei Paul Gallico, spannend und stilvoll geschriebene Geschichten leisten zugleich einem romantisierten Bild Vorschub, wie es für die Entstehung eines Weihnachtsliedes besonders plausibel erscheint.

Dagegen suchten Liedforscher und Heimatkundler gesicherte Fakten, eine möglichst getreue Rekonstruktion der tatsächlichen Ereignisse zu bieten, was jedoch aufgrund der spärlich verfügbaren Nachrichten häufig spekulativ geriet und zu anhaltenden Diskussionen führte.

Eine literarisch-fiktive und eine wissenschaftlich-reale Interpretation konkurrenzieren einander beständig. In gewisser Weise ist auch die musikalische Rezeption von dieser Doppelgleisigkeit gekennzeichnet.

Die „Originalfassung" (die auf Autograf V zurückgreift, nicht aber auf die „Urfassung") wurde immer wieder gegenüber der verbreiteten, auf Frieses Druck fußenden Version propagiert, konnte sich aber – trotz attestierter höherer Qualität – stets nur in Grenzen durchsetzen.

„Stille Nacht" war im Zuge der Mission schon um die Wende ins 20. Jahrhundert derart populär geworden, dass Weltreisende es in Afrika, Asien und Amerika zu hören bekamen.

Weithin war es für eine Rückkehr zur autorisierten musikalischen Form zu spät, es sei denn, eine nostalgische Stimmung evozierte die Bereitschaft dazu aufs Neue.

„STILLE NACHT"
REZEPTIONSGESCHICHTE

Familienidylle und Ausdruck kollektiver Freude

In der Zwischenzeit hatte sich, vornehmlich in den deutsch- und englischsprachigen Ländern, ein Charakteristikum ausgeprägt, welches zwar „Stille Nacht" vom Image des alpenländischen „Volksliedes" nachdrücklich löste, doch andernteils vermehrt in die intim-individuelle Sozialstruktur einband. „Stille Nacht" avancierte zum Inbegriff des bürgerlichen Weihnachtsfestes, stand – und steht bis heute – ein für Familienidylle und eine kollektive Freude, gibt zusätzlich deren religiöser Bindung Ausdruck.

Solche Zuordnungen bilden das entscheidende Kriterium für eine gleichsam zum Stichtag eintretende Wiederkehr des Liedes in der persönlichsten Umgebung des Einzelnen. Wiederum – wie schon in der Vermittlung einer überkonfessionellen Botschaft – bot der Text die eigentliche Voraussetzung dieser Entwicklung, die eine tiefgreifende Verankerung des Liedes im schematisierten Festablauf einleitete. Mohrs Worte in den drei innerhalb der allgemeinen Rezeption tradierten Strophen (meist in der Reihenfolge I, VI, II) umgreifen die Qualitäten einer (Ver)Trautheit, des Zusammenstehens, eines Ausblicks in die Zukunft, wie sie für eine in sich geschlossene Gesellschaftsordnung wesentlich und prägend sind.

Da „Stille Nacht" aus der Sicht der katholischen Kirche nicht länger ein primär christliches Gedankengut zum Ausdruck brachte, wurde das Lied in die während der zweiten Hälfte des 19. Jahrhunderts publizierten Gesangbücher nur zögerlich integriert. Doch einmal mehr versickerte der anfängliche Widerstand angesichts der anhaltenden Beliebtheit des Liedes.

So ist es kein Zufall, dass bereits zum hundertsten „Geburtstag" des Liedes zwei Monografien veröffentlicht wurden und man wenig später die Errichtung der Gruber-Mohr-Kapelle in Oberndorf mit Begeisterung verfolgte. Als zu deren Weihe Felix Gruber, der Enkel des Komponisten, vom „Volkslied Stille Nacht" sprach, brachte er damit zum Ausdruck, wie selbstverständlich das Lied für die Menschen zu Weihnacht gehörte.

„Stille Nacht"
Rezeptionsgeschichte

Der erste Christbaum im Innviertel: Im Innviertler Volkskundehaus in Ried im Innkreis ist ein Familienbildnis ausgestellt, das in vielerlei Hinsicht von Interesse ist. Der Rieder Handelsherr Anton Rapolter (1799 bis 1874) ließ es im Jahre 1840 vom Münchener Wandermaler Ignaz Pollinger anfertigen. Das Gemälde zeigt die Familie in biedermeierlichen Festgewändern, stolz versammelt um den ersten Christbaum dieser Gegend. Im Bild links sind auch eine Gitarre und Liedblätter abgebildet, was dokumentiert, dass in jener Zeit im familiären Rahmen gesungen und musiziert wurde.

„STILLE NACHT"
REZEPTIONSGESCHCHTE

Missbrauch des Liedes in Politik und Kommerz

Die dauerhafte Präsenz auf dem internationalen Musikmarkt, die als Untermalung des vorweihnachtlichen Einkaufs ebenso begegnet wie am Heiligen Abend – für welchen das Lied eigentlich gedacht ist –, hat „Stille Nacht" vielen Menschen verleidet. In der Tat bedarf es heutzutage der privaten Bezugnahme oder Toleranz, um die Aussage des Textes und die einfühlsame Vertonung frei von allen Verstrickungen des Liedes anzunehmen.

Eine Komposition, die derart in das Rampenlicht geriet, konnte von politischen Implikationen nicht unberührt bleiben. In diversen Umdichtungen wurde das Lied zu einem Mittel der Agitation gemacht, die von sozialkritischem Anspruch bis zur nationalsozialistischen Kampfansage reicht. Aber auch der originale Text konnte, wie in der Weihnachts-Ringsendung des Deutschen Reichsrundfunks 1942, als Gruß der Heimat und Symbol der Zusammengehörigkeit funktionalisiert werden. Die kritische Situation der Wehrmacht hatte das Regime bewogen, den Widerstand gegen „Stille Nacht" aufzugeben und im Rückgriff auf den verfemten bürgerlichen Weihnachtstopos eine propagandistische Wirkung anzustreben.

Kaum lässt sich nachvollziehen, dass „Stille Nacht" zuweilen als „Friedenslied der Welt" apostrophiert wurde, doch gibt es hiefür eine Erklärung: Aus dem Ersten Weltkrieg ist überliefert, dass zu Weihnachten für einen Augenblick der Kampf ruhte und Soldaten der sich gegenüberstehenden Armeen gemeinsam, aus ihren Stellungen heraus, „Stille Nacht" sangen.

Fassungslos steht man vor dem dunkelsten Kapitel der Liedgeschichte, welches zu verschweigen sich von selbst verbietet.

Es mahnt zur offenen Begegnung mit einem Lied, welches wie kein zweites Millionen Menschen berührt, nicht selten aber auch zur Demonstration ihrer Stärken oder Schwächen Anlass gegeben hat – weit abseits eines christlichen Ideals, das es im Sinne der Autoren gewiss ausdrücken sollte.

„STILLE NACHT"
REZEPTIONSGESCHICHTE

© 1995 Selke Verlag/SMCA

„Stille Nacht"
Orientierungskarte Nord

„STILLE NACHT"
OBERNDORF

Die alte Schiffersiedlung Oberndorf: In diesem Ambiente entstand 1818 das Weihnachtslied „Stille Nacht". Es nahm von der Pfarrkirche St. Nikolaus aus als Botschaft für Frieden und Verständigung den Weg in die Welt. Nahezu alle von Franz Kulstrunk im Jahre 1903 auf diesem Aquarell abgebildeten Gebäude, mit Ausnahme des Wasserturmes und des Bruckmannhauses im Bild ganz rechts, stehen nicht mehr. Die Hochwasser der Salzach richteten immer wieder an den Häusern der am Salzachknie stehenden Siedlung große Schäden an, so dass diese zu Beginn des 20. Jahrhunderts abgetragen wurden.

„STILLE NACHT"
OBERNDORF

Die an der Fluss-Schleife ansässigen Schiffer führten ihre Lasten, vor allem Salz aus Hallein und Reichenhall, flussabwärts bis Oberndorf, wo sie aufgrund der starken Strömung und der Felsen im Fluss ausgeladen und jenseits der Biegung wieder verschifft wurden. Im Winter, ihrer „arbeitslosen" Zeit, spielten sie Theater. Dieses „Schöffleuttheater" unternahm Tourneen und gastierte mit Singspielen, mit Charakterstücken, Lust- und Trauerspielen in Poesie und Prosa sogar an den Höfen in Wien und München sowie der erzbischöflichen Residenz in Salzburg.

„STILLE NACHT"
OBERNDORF

Die Gruber-Mohr-Gedächtniskapelle befindet sich an jener Stelle, an welcher die Pfarrkirche St. Nikolaus stand und im Jahre 1818 das Weihnachtslied „Stille Nacht! Heilige Nacht!" erstmals öffentlich erklang.

"STILLE NACHT"
OBERNDORF

Die Gruber-Mohr-Gedächtniskapelle in Oberndorf ist an jener Stelle errichtet, an der bis 1909 die St.-Nikolaus-Kirche stand. Zur Mette des Jahres 1818 wurde in dieser Kirche "Stille Nacht" uraufgeführt. Im nahen Bruckmannhaus befindet sich das Stille-Nacht- und Heimatmuseum.

Gedächtniskapelle

Kapelle, als Oktogon mit Glockenhelm und Laterne ausgebildet. Abgewalmtes Vordach beim Portal. Auf einem Erdhügel errichtet. Rundbogige Glasfenster aus 1935.

Altar: Im Altarstein ist der Schädel von Joseph Mohr beigesetzt. Das Holzrelief des Altars, eine Arbeit von Hermann Hutter aus dem Jahre 1915, stellt Christi Geburt dar.

Seitenfenster: Die Glasfenster, Arbeiten der Tiroler Glasmalereianstalt aus dem Jahre 1935, wurden vom Ostmärkischen Sängerbund und dem Wiener Schubertbund gestiftet. Das nördliche Fenster erinnert an den Dichter des Liedes, Vikar Joseph Mohr, und die St.-Nikolaus-Kirche. Das südliche Fenster ist dem Lehrer und Komponisten Franz X. Gruber sowie dessen Wirkungsstätte Arnsdorf gewidmet.

Die Gedächtniskapelle ist das einzige zum Andenken an die Schöpfer und das Lied errichtete Großmonument. An eben jenem Platz stand bis 1909 die St.-Nikolaus-Kirche, die aufgrund der durch Wasserschäden verursachten Baufälligkeit abgetragen wurde.

Die Grundsteinlegung der Kapelle war für die 100-Jahr-Feier geplant, konnte aber wegen des Ersten Weltkrieges und seiner unmittelbaren Nachwirkungen erst am 17. August 1924 erfolgen.

Das Baukomitee unter Oberlehrer Franz Schwenke hatte alle Mühe, die Kosten für den Bau zu decken.

Gruber-Mohr-Gedächtniskapelle und Stille-Nacht- u. Heimatmuseum

Fremdenverkehrsverband: Geschäftsführerin Renate Schaffenberger

Museum: Kustos Mag. Manfred Fischer

Beide: 5110 Oberndorf
Stille-Nacht-Platz 2
Tel. 06272-4422-0

Geöffnet täglich von 9 bis 12 und 13 bis 17 Uhr

Innenraum der Gedächtniskapelle: Der Altar mit dem Altartisch, in dem sich der Schädel von Joseph Mohr befindet, dominiert den schlichten Raum des Oktogons.

„STILLE NACHT"
OBERNDORF

Altarrelief von Hermann Hutter aus 1915; es zeigt die Geburt Christi. Predellenreliefs von Max Domenig: Anbetung der Könige, Kreuzigung, Flucht nach Ägypten.

"STILLE NACHT"
OBERNDORF

Die rundbogigen Glasfenster wurden 1935 von der Tiroler Glasmalereianstalt gefertigt. Das nördliche Fenster ist Joseph Mohr gewidmet und zeigt den Textdichter sowie die St.-Nikolaus-Kirche. Das südliche Fenster stellt Franz Xaver Gruber, die Kirche „Maria im Mösl" in Arnsdorf und das Schulhaus von Arnsdorf dar, in dem der Komponist gelebt hat. Die Fenster wurden vom Ostmärkischen Sängerbund Wien und dem Wiener Schubertbund gestiftet.

„STILLE NACHT"
OBERNDORF

„Stimmungsbild": Gedächtniskapelle im Schnee. Jedes Jahr am Heiligen Abend um 17 Uhr gedenkt die Gemeinde in einer Feierstunde der Schöpfer dieses Weihnachtsliedes.

Zwischen Gedächtniskapelle und Salzachschleife ist das Bruckmannhaus gelegen, in dem das Stille-Nacht- und Heimatmuseum untergebracht ist.

„STILLE NACHT"
OBERNDORF

Stille-Nacht-Museum im Bruckmannhaus: Die Säule stammt aus der abgetragenen St.-Nikolaus-Kirche; Tafeln mit Erläuterungen geben Einblick in die Entstehungsgeschichte des Liedes.

„STILLE NACHT"
OBERNDORF

Das Lied, eine Botschaft an die Welt, ist immer wieder Motiv zur Gestaltung von Briefmarken, die ebenso wie Sonderstempel, von Philatelisten sehr geschätzt werden.

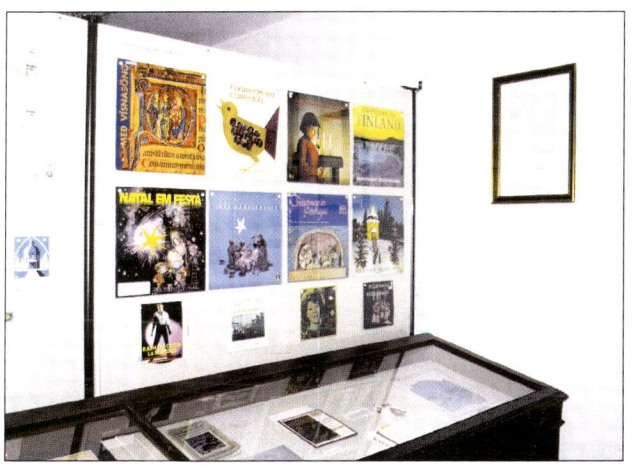

Als „bemerkenswert" wird im Kunstführer „Dehio Salzburg" die reichhaltige Schallplattensammlung des Museums bezeichnet.

Gedenktafel zum 100-Jahr-Jubiläum des Liedes „Stille Nacht" mit zeitgenössischen Ansichten von Arnsdorf und Oberndorf.

„STILLE NACHT"
OBERNDORF

In kurzer Zeit erfasst der Besucher beim Rundgang durch das Bruckmannhaus alle wichtigen Details zur Entstehung des Liedes.

Ein Stimmungsbild des Heiligen Abends 1818 lieferte Franz Kulstrunk um die Jahrhundertwende in einem Aquarell, das Franz X. Gruber und Joseph Mohr zeigt.

„Stille Nacht"
Oberndorf

Andreas Peterlechner, Lehrer in Hochburg, ermunterte Gruber zum Lehrberuf.

Das alte Schulhaus von Hochburg, an dem Gruber auch praktizierte.

Die Steinpointsölde in Unterweitzberg bei Hochburg, das Geburtshaus von Franz Xaver Gruber. Hier sollte Gruber das Leinenweberhandwerk erlernen.

„STILLE NACHT"
OBERNDORF

Eine Phonothek gewährt dem Besucher akustische Eindrücke von den Originalfassungen des Liedes „Stille Nacht! Heilige Nacht!".

Im Dezember jeden Jahres ist im Erdgeschoss des Bruckmannhauses ein Sonderpostamt eingerichtet, das auch „Gefälligkeitsstempelungen" durchführt.

45

"STILLE NACHT"
OBERNDORF

Im museumspädagogisch geschickt eingerichteten Museum „Bruckmannhaus" erhält der Besucher im Dachgeschoss eine Einführung in die Ortsgeschichte und die Entwicklung des Salzhandels, welcher der Stadt Laufen und den früheren Vororten Oberndorf und Altach schon im Mittelalter zu Wohlstand verhalf. Im Bild altes Handwerksgerät und Schifferschützen, das eigene „Fähnlein" zur Verteidigung.

Theatervorhang des Schiffertheaters (Ausschnitt), gemalt von Theaterdirektor Rupert Standl. Der Vorhang stellt das große Schifferfest im Juli 1818 dar, jenem Jahr, als am Heiligen Abend „Stille Nacht" erstmals erklang. Die zahlreichen Schifferbräuche, wie das „Himmelbrotschutzen", das Schifferstechen oder die „Piratenschlacht" bildeten über das Jahr hinweg den Mittelpunkt des gesellschaftlichen Lebens in Oberndorf.

"STILLE NACHT"
OBERNDORF

Gruber und Mohr: Bronzeplastik auf dem Oberndorfer Kirchplatz. Geschaffen vom akademischen Bildhauer und Priester Joseph Mühlbacher, aufgestellt 1928.

„STILLE NACHT"
OBERNDORF

Historischer Wasserturm, dominantes Wahrzeichen im Stille-Nacht-Bezirk von Oberndorf: Errichtet im Jahre 1540, ermöglichte er schon früh die zentrale Wasserversorgung.

"STILLE-NACHT"
ARNSDORF

Im Schulhaus von Arnsdorf - der Wiege des Weihnachtsliedes -, das im ursprünglichen Zustand erhalten ist, unterrichtete und wohnte Gruber 21 Jahre lang. Die einstige Wohnung ist als Museum eingerichtet und gibt einen guten Einblick in die „Zeit Grubers".

Arnsdorf - wo die Melodie entstand

Der beschwerliche Lebensweg des Innviertler Leinenwebersohnes Franz Xaver Gruber fand nach der Ausbildung zum Lehrer in Arnsdorf seine erste Wirkungsstätte. Als er am 12. November 1807, zwanzigjährig, seinen Dienst als Lehrer, Organist und Mesner antrat, waren die ersten Schwierigkeiten bereits aus dem Weg geräumt: Gruber hatte die Lehrerwohnung nicht beziehen können, weil die Witwe seines Vorgängers mit ihren beiden Kindern dort wohnte. Auf Anraten der Schulbehörde heiratete er die 13 Jahre ältere Frau. Als sie 1825 starb, verband er sich in zweiter Ehe mit der 19 Jahre jüngeren Maria Breitfuß aus Arnsdorf.

Die Wohnung im ersten Stock ist im Stil des frühen 19. Jahrhunderts als Museum eingerichtet und vermittelt ein anschauliches Bild vom einfachen Leben eines Dorfschullehrers. Neben Gegenständen des persönlichen Gebrauchs wird auch das originale Lehrerpult Grubers gezeigt.

Die Arnsdorfer Schule ist die älteste Grundschule Österreichs, an der bis heute unterrichtet wird. Während der Sommerferien ist das Klassenzimmer mit originalen Schulmöbeln aus dem frühen 19. Jahrhundert eingerichtet.

In der Wallfahrtskirche steht noch die Orgel, auf der Gruber spielte. Sie wurde in ihren mechanischen Teilen 1846 vom Salzburger Orgelbauer Ludwig Mooser erneuert.

F.-X.-Gruber-Museum im Schulhaus Arnsdorf und Wallfahrtskirche „Maria im Mösl"

Museum im ersten Stock des Schulhauses:
Kustos Ottilie Aigner
5112 Lamprechtshausen
Nieder-Arnsdorf 46
Tel. 06274-7453

Geöffnet: nach Vereinbarung

„STILLE NACHT"
ARNSDORF

Ensemble Kirche und Schule. Charakteristisch für die Bildungssituation im 19. Jahrhundert: Der Lehrer konnte durch Mesner und Organistendienste seine Einkünfte verbessern.

„STILLE NACHT"
ARNSDORF

Als der Schulmeister noch streng in die Klasse blickte: Portrait von Franz X. Gruber und das originale Pult des Lehrers und Organisten Gruber.

„STILLE NACHT"
ARNSDORF

Arbeitszimmer im Gruber-Museum: In Arnsdorf komponierte Gruber eine Reihe von Gelegenheitswerken für kirchliche und familiäre Anlässe.

„Stille Nacht"
Arnsdorf

Wohnstube mit Möbeln aus dem Familienbesitz. In der Ecke Portraits von F. X. Gruber und seiner dritten Gemahlin Katharina.

„STILLE NACHT"
ARNSDORF

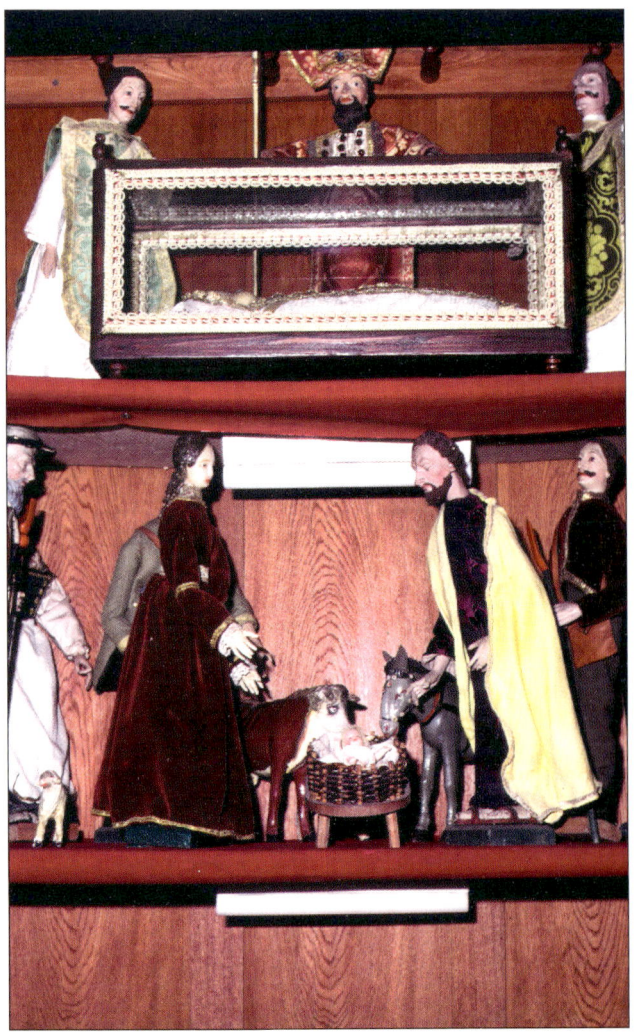

Die Kästen im Gruber-Museum bergen auch die alte Weihnachtskrippe, die Gruber in seiner Eigenschaft als Mesner zu betreuen hatte.

"STILLE NACHT"
ARNSDORF

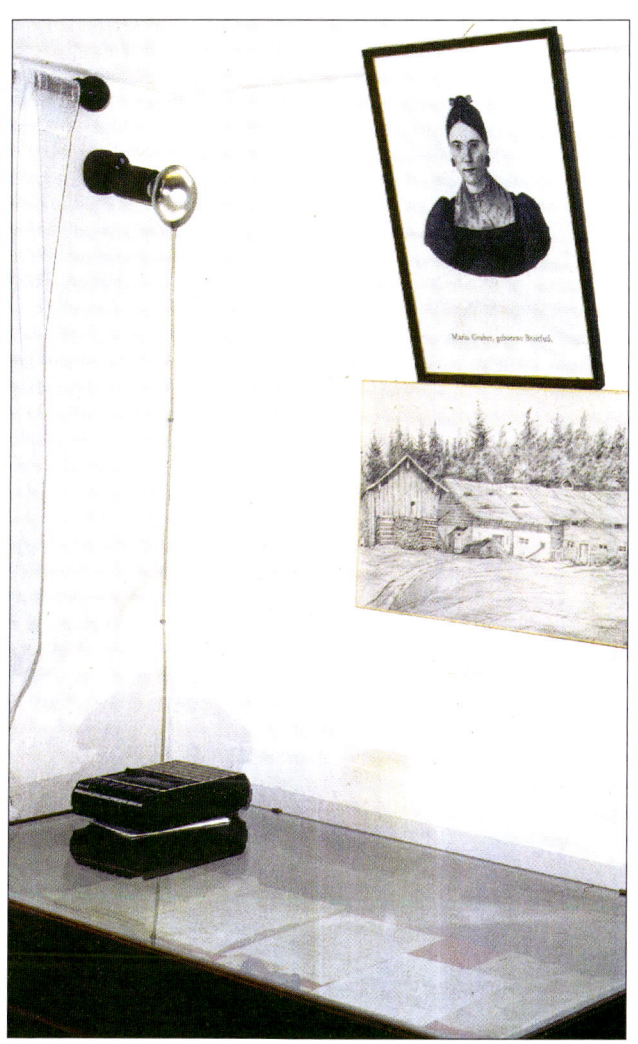

Rundgang durch das Museum: Vitrine mit Zeugnissen, Dokumenten, einem Bild des Geburtshauses und dem Portrait von Grubers zweiter Gattin Maria.

„STILLE NACHT"
ARNSDORF

Offener Kamin: Das Schulhaus in Arnsdorf gewährt auch einen Einblick in die Lebensumstände der Menschen im beginnenden 19. Jahrhundert.

„STILLE NACHT"
ARNSDORF

Von 1807 bis 1828 versah Gruber den Dienst an der Orgel der Wallfahrtskirche. Das ursprünglich pedallose Werk aus der Mitte des 18. Jahrhunderts erhielt 1846 eine neue Spielanlage.

„Stille Nacht"
Arnsdorf

„Stille Nacht! Heilige Nacht! Hirten erst kundgemacht, durch der Engel Alleluja.". „Stille-Nacht-Brunnen", der zum 100. Todestag Grubers vor dem Arnsdorfer Schulhaus geschaffen wurde.

„STILLE NACHT"
HOCHBURG

In Hochburg, heute ein Ortsteil der Gemeinde Hochburg-Ach im Innviertel, wurde der Komponist Franz X. Gruber 1787 geboren. Nicht für das traditionelle Weberhandwerk entschied er sich, sondern für eine Ausbildung zum Lehrer. Grubers Werdegang wird im Heimathaus dargestellt.

Bescheidene Kinderstube im Bauernhaus

Karg war das Leben der Leinenweber- und Kleinsöldnerfamilie Gruber in Unterweitzberg 9. Gegen den Widerstand des Vaters und mit der Fürsprache des Lehrers von Franz Xaver, Andreas Peterlechner, gelang es dem Buben, den Beruf eines Lehrers zu ergreifen. Der Dorfschulmeister nahm an seiner weiteren Ausbildung Anteil und ermöglichte ihm auch, das Praktikum in Hochburg zu absolvieren.

Franz-Xaver-Gruber-Gedächtnishaus und Heimathaus Hochburg

Nahe der Pfarrkirche Hochburg.
5122 Ach, Hochburg 46
Kustoden: Werner Sützl
Tel. 07727-2561 und
Oberschulrat Rudolf
Nowy, Tel. 07727-2558

Geöffnet nach Bedarf
Voranmeldung erbeten.

Eindrücke aus der Zeit Grubers

Franz Xaver wurde am 25. November 1787 als Fünftes von sechs Kindern der Familie Gruber geboren. Schon in der Schule fiel er wegen seiner Musikalität auf.

Das Geburtshaus wurde 1927 abgetragen, jedoch konnten Einrichtungsgegenstände gerettet werden. Im ersten Stock des Heimathauses befinden sich originale Erinnerungsstücke wie der Webstuhl, auf dem Gruber als Kind gearbeitet hatte. Er ist eine Leihgabe der Fürstin zu Salm-Hostmar, einer geborenen Gräfin zu Castell-Castell. Einrichtung und Ausstattung sowie Exponate aus der Arbeitswelt stammen aus der Zeit um 1800.

Der Besucher sieht sich im Heimathaus in die Zeit zu Beginn des 19. Jahrhunderts versetzt und gewinnt mittels der Originalgegenstände in dem alten Bauernhaus einen Eindruck, wie Gruber in seiner Kinderzeit gelebt hat.

„STILLE NACHT" HOCHBURG

Das Geburtshaus Grubers in der Steinpointsölde wurde abgetragen; in einem baugleichen Gebäude aus derselben Zeit befindet sich heute das Heimathaus.

"STILLE NACHT"
HOCHBURG

Das Modell des Geburtshauses wurde von Adalbert Sützl (gestorben 1966) gebaut und befindet sich im Heimathaus.

Auf dem original erhaltenen Webstuhl arbeitete Gruber als Kind. Er sollte das väterliche Handwerk erlernen, zog es aber vor, Lehrer zu werden.

"STILLE NACHT" HOCHBURG

Das Heimathaus Hochburg beherbergt zahlreiche Urkunden und Schriftstücke, Kopien und Bücher zu Gruber und "Stille Nacht".

Eine Ecke im ersten Stock des Heimathauses ist speziell "Stille Nacht" und der Rezeptionsgeschichte des Liedes gewidmet.

„STILLE NACHT" HOCHBURG

Der Besucher des Heimathauses in Hochburg-Ach wird eingehend über die Wohn- und Lebenskultur der ländlichen Bevölkerung zu Beginn des 19. Jahrhunderts informiert.

Im Bild rechts ein bemalter Bauernkasten in einem Schlafgemach des Hauses.

Im Bild unten die eingerichtete Wohnstube aus jener Zeit, in der Gruber seine Kindheit im oberösterreichischen Innviertel verbrachte.

"STILLE NACHT"
HOCHBURG

Bauernland Innviertel, früher eine Kornkammer Österreichs. Zur Zeit Grubers wurden größtenteils noch Holzwerkzeuge zur Feldbearbeitung eingesetzt.

Bauern mit kleineren Wirtschaftseinheiten mussten einem Nebenerwerb nachgehen. Sie waren Schuster, Schneider oder Leinenweber, wie die Familie Gruber.

„STILLE NACHT"
BURGHAUSEN

Seinen ihm von dem Hochburger Lehrer Andreas Peterlechner erteilten Musikunterricht vervollkommnete Franz X. Gruber in der fünf Kilometer entfernt gelegenen Stadt Burghausen, wo er bei dem Stadtpfarrorganisten Georg Hartdobler ausgebildet wurde.

Hartdobler-Gedenkstätte

Chorregentenhaus an der Rückseite der Pfarrkirche

Hartdobler-Portrait im Stadtmuseum
geöffnet vom 15. März bis 30. April und vom 1. Oktober bis 1. November von 10 bis 16.30 Uhr, vom 1. Mai bis 30. September von 9 bis 18.30 Uhr.

Ehrentafel am Chorregentenhaus.

Die Stadt Burghausen, am linken Salzachufer gegenüber von Hochburg-Ach gelegen. Die Burganlage ist die ausgedehnteste in Europa.

„STILLE NACHT"
BURGHAUSEN

Bild rechts: Der Burghausener Chorregent Georg Hartdobler gilt als einer der musikalischen Förderer Grubers. (Portrait im Heimatmuseum Hochburg).

Bild unten links: Chorregentenhaus „St. Jakob" an der Rückseite der Stadtpfarrkirche. Hier nahm Gruber im Jahre 1805 Musikunterricht.

Bild unten rechts: Orgel der Stadtpfarrkirche „St. Jakob" in Burghausen.

"STILLE NACHT"
RIED IM INNKREIS

In Ried i. I. hat Franz X. Gruber an der „Normal-Hauptschule" den Vorbereitungsunterricht für Lehrer an „Trivialschulen" besucht und am 22. Juli 1806 die Lehramtsprüfung abgelegt. Im Volkskundehaus befindet sich die „Oberndorfer Krippe", an der „Stille Nacht" im Jahre 1818 vermutlich uraufgeführt wurde.

Oberndorfer Krippe

Die „Oberndorfer Krippe" aus der St.-Nikolaus-Kirche stammt aus der zweiten Hälfte des 18. Jahrhunderts. Die Krippe umfasste ursprünglich die Zentralgruppe mit Hirten- und Dreikönigs-Szene und Teile der Hochzeit zu Kana. Sie gehört zum Typus der volkstümlichen Krippen.

Nach der Abtragung der Oberndorfer Kirche ging die Krippe zunächst in den Besitz der örtlichen Schulschwestern über. Zur Finanzierung eines neuen Gartenzaunes veräußerten sie die Krippe an Pfarrer Johann Veichtlbauer, einen passionierten Sammler in St. Pantaleon. Diese Sammlung bildet den Grundstock des Volkskundehauses Ried.

Innviertler Volkskundehaus
4910 Ried i. I., Kirchenplatz
Tel. 07752-901244.
Leitung: Dr. Sieglinde Baumgartner
Geöffnet Di. bis Fr. 9-12, 14-17, Sa. 14-17 Uhr

Die „Oberndorfer Krippe" im Volkskundehaus Ried i. I. zählt insgesamt mehr als hundert Figuren. Die Köpfe der durchschnittlich 25 cm hohen Personendarstellungen sind meist aus Wachs bossiert, Hände und Füße aus Holz geschnitzt; sie sind in der Tracht um 1800 gekleidet.

„STILLE NACHT"
RIED IM INNKREIS

Die zentrale Gruppe Maria, Josef und das Kind in der Krippe, dahinter die Haustiere, die mit ihrer Körperwärme das Neugeborene vor der Winterkälte schützen. Sie stehen vor einem geräumigen Stall mit einer ruinenhaften Schauseite.

"STILLE NACHT"
BERNDORF - HOF – HINTERSEE

Die Wege von F. X. Gruber und J. Mohr trennten sich bereits 1819. Nach etwa zweijährigem Wirken kam Mohr nach Kuchl und anschließend in eine Reihe von weiteren Salzburger Pfarren, vornehmlich im Flachgau. Gruber wurde 1829 Lehrer in Berndorf.

Mohrs Abschied von Oberndorf

Die ständigen Auseinandersetzungen zwischen Pfarrprovisor Nöstler und seinem Koadjutor Mohr, die in Beschwerdebriefen Nöstlers an das Konsistorium gipfelten, lösten sich mit seiner Versetzung nach Kuchl am 10. September 1819, worauf zahlreiche weitere Dienstorte, darunter Eugendorf und Hof, folgten. Zum Abschied von Oberndorf komponierte Gruber für Mohr eigens ein kleines Lied.

Erst in Hintersee, wohin er 1827 kam, konnte Mohr längere Zeit verbleiben. 1837 erhielt er die Stelle des Pfarrvikars in Wagrain, wo er bis zu seinem Tod am 4. Dezember 1848 hingebungsvoll für seine Gemeinde tätig war.

Als er sich 1843 nach Mariapfarr bewarb – dort hatte er 1816 den Text zu „Stille Nacht" gedichtet – beschrieb ihn ein vom Pfleggericht St. Johann ausgestelltes Zeugnis als *„wahren Priester nach der Lehre des Herrn und Heilands, ein Muster und Vorbild des christlichen Lebens für seine Gemeinde, im geselligen Umgang ein biederer Menschenfreund, gegen die Armen ein milder und helfender Vater"*. Dennoch wurde dem Gesuch nicht entsprochen.

Gruber verbrachte die Jahre von 1829 bis 1835 als Lehrer und Mesner in Berndorf. Dort schuf er seine früheste bekannte Messvertonung.

Trotz der für damalige Verhältnisse weit voneinander entfernten Wirkungsorte scheint der Kontakt zwischen Gruber und Mohr nicht abgerissen zu sein. Grubers Nachkommen erinnerten sich, daß Mohr noch in Hallein gelegentlich im Hause ihres Vaters zu Besuch war.

Gedenkstätten im Salzburger Flachgau

Berndorf: Gruber-Gedenktafel an der Friedhofsmauer Gruber-Platz

Hintersee: Mohr-Gedenktafel, Mohr-Portrait in Pfarrkirche

„STILLE NACHT"
BERNDORF - HOF - HINTERSEE

Die Gemeinde Berndorf gedenkt Franz X. Grubers mit einer Ehrentafel an der Friedhofsmauer. Gruber wirkte 1829 bis 1835 in der Flachgauer Gemeinde.

„Stille Nacht"
Orientierungskarte Süd

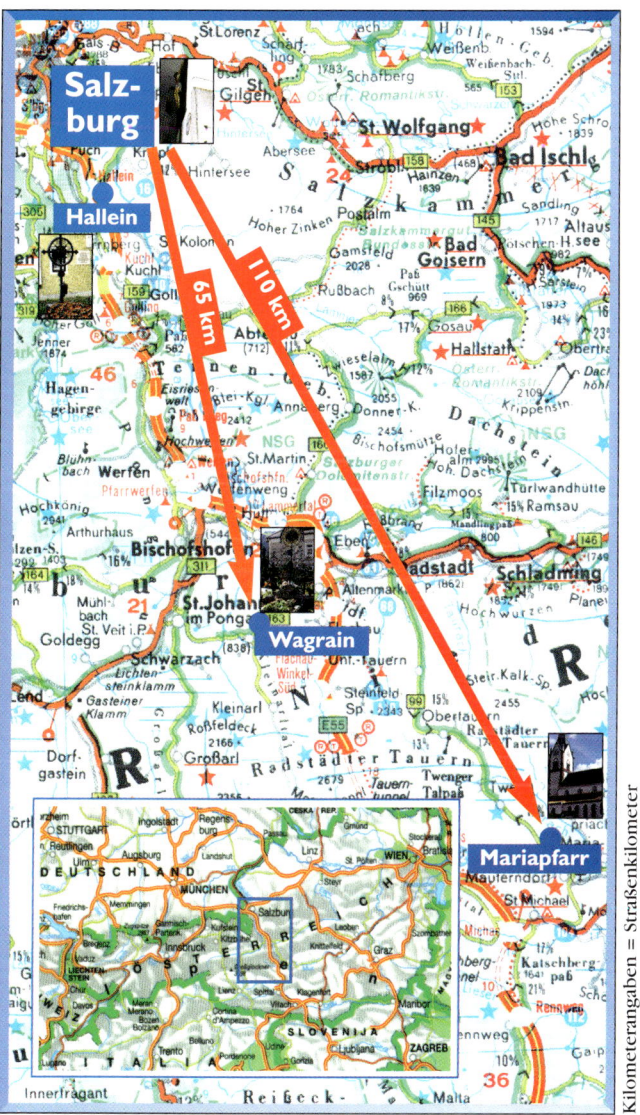

„Stille Nacht"
Salzburg

Joseph Mohr wurde als uneheliches Kind der Strickerin Anna Schoiber, Salzamtsschreiberstochter aus Hallein, und des aus Mariapfarr stammenden Soldaten Joseph Franz Mohr am 11. November 1792 in Salzburg geboren. Seine Kindheit verbrachte er im Haus Steingasse 9, am rechten Salzachufer.

Vom Almosenkind zum „Stille-Nacht"-Dichter

Zusammen mit drei Geschwistern wuchs Joseph in räumlicher Enge und in ärmlichen Verhältnissen auf. Seine Mutter – sie stammte aus einer angesehenen Familie – war durch „fleischliche Verbrechen" in soziale Not geraten. Mit Strickarbeiten suchte sie für sich und ihre ledigen Kinder den Lebensunterhalt zu sichern. Als Vater von Joseph gab sie bei einer amtlichen Befragung den Soldaten Joseph Franz Mohr an, der aber seit dem 21. Juni 1792 fahnenflüchtig und nicht mehr greifbar war. Durch die wohlwollende Unterstützung des Domchorvikars J. N. Hiernle ergaben sich für Joseph unerwartete Perspektiven: Sein Gönner ermöglichte ihm das Studium, dürfte aber zugleich gedrängt haben, daß sein Schützling das Priesterseminar besuchte.

> **Gedenkstätte in der Stadt Salzburg**
> Geburts- und Wohnhaus von Joseph Mohr
> Steingasse 9
> Nähe Staatsbrücke
> Gedenktafel an der Außenmauer, Wohn- und Geschäftshaus

Gedenktafel am Noestlerhaus, am Fuße der Kapuzinerbergstiege.

"STILLE NACHT"
SALZBURG

Das Haus Steingasse 9 nächst der Staatsbrücke, ehemals Noestlerhaus 492, wo Joseph Mohr am 11. Dezember 1792 zur Welt kam.

„STILLE NACHT"
HALLEIN

Franz Xaver Gruber gab im Jahre 1835 seine Lehrerstelle in Berndorf auf, um in Hallein das Amt des Chorregenten an der Stadtpfarrkirche zu übernehmen. Das Museum in Grubers ehemaligem Wohnhaus zeigt u. a. Autografen des Liedes und die Mohr-Gitarre.

Hallein im frühen 19. Jahrhundert

Hallein, die zweitgrößte Stadt im Bundesland Salzburg, verdankte seine wirtschaftliche Bedeutung dem Abbau und der Verarbeitung des am Dürrnberg gewonnenen Salzes.

Mittels kleiner Lastschiffe, sogenannter Zillen, wurde das Salz auf dem Wasserweg verschifft. Neben den Salzarbeitern konnte sich eine schmale Bürgerschicht etablieren, die kulturelle Aktivitäten setzte. Gruber stand als Chorregent der Stadtpfarrkirche wie auch als Mitglied in Vereinen im Mittelpunkt des gesellschaftlichen Lebens.

Gruber-Museum, Stille-Nacht-Museum

F.-X.-Gruber-Platz Nr. 1
neben der Stadtpfarrkirche
Kustos: Mag. Kurt Zeller
Geöffnet:
nach Voranmeldung
Anmeldungen:
Keltenmuseum
Tel. 06245-807830

Grubers Tätigkeit in Hallein

Grubers zahlreiche kirchenmusikalische Werke entstanden für die Bedürfnisse an der Halleiner Stadtpfarrkirche. Dort standen ihm an hohen kirchlichen Feiertagen ein großes Orchester, Streicher, Holz- und Blechbläser und ein Vokalensemble zur Verfügung. In späteren Jahren war es jedoch zunehmend schwerer geworden, die Oberstimmen ausreichend zu besetzen. Gruber klagt in einer Eingabe an die Stadtgemeinde: *„In der volkreichen Stadt Hallein, man sollte es kaum glauben, ist außer dem zwölfjährigen Knaben des Chorregenten dermal kein Schüler, der musikalisch im Singen unterrichtet und auf dem Chor brauchbar ist (...). Schon über 16 Jahre gibt sich der Unterzeichnete mit dem Unterricht in dem Gesang und auf dem Klavier ab und hat sich bemüht, Diskantisten und Altisten für den Chor zu bilden. Der Erfolg ist bekannt."*

„STILLE NACHT"
HALLEIN

Vor dem ehemaligen Wohnhaus Grubers befindet sich das Grab des Komponisten, an dem alle Jahre am Heiligen Abend eine Gedenkstunde stattfindet.

„STILLE NACHT"
HALLEIN

Franz-Xaver-Gruber-Platz zwischen Stadtpfarrkirche und dem ehemaligen Wohnhaus des Komponisten. Portraitrelief von Hans Baier, 1936.

„STILLE NACHT"
HALLEIN

Arbeitszimmer des Chorregenten. In dieser Atmosphäre schuf Gruber eine Vielzahl seiner musikalischen Werke, hier dürfte er auch Musikunterricht gegeben haben.

Eine Reihe von Gegenständen im Gruber-Museum stammt aus dem persönlichen Nachlass des Komponisten.

„STILLE NACHT"
HALLEIN

Bewegte Geschichte der Mohr-Gitarre: Angeblich aus dem Nachlass Mohrs gelangte das Instrument in ein Kuchler Wirtshaus und wurde schließlich Grubers Enkel zur Hochzeit geschenkt.

„STILLE NACHT"
HALLEIN

Im Halleiner Stille-Nacht-Museum wird auch die wechselvolle Rezeptionsgeschichte des Weihnachtsliedes dokumentiert.

Anhand von Exponaten, Originalbildern und Tafeln kann im Schauraum des Museums die Entstehungsgeschichte des Liedes nachvollzogen werden.

„STILLE NACHT"
HALLEIN

Der Komponist F.X. Gruber: Vom Geburtsort Hochburg über Arnsdorf und Berndorf bis Hallein wird der Betrachter über das Leben und Schaffen des Komponisten informiert.

Grubers Zeichnungen – eine unbekannte Facette seines musischen Talents – besitzen eine beachtliche künstlerische Qualität.

"STILLE NACHT"
HALLEIN

Zeugnisse, Bilder und Autografen geben Einblick in das Wirken Grubers als Chorregent. Diese Position, welche er 28 Jahre lang besetzte, brachte ihm Anerkennung in der Bürgerschaft.

Zwei Freunde schufen ein „Weltwerk": Das Persönlichkeitsbild von Gruber und Mohr bildet eines der zentralen Themen der Ausstellung.

„STILLE NACHT"
HALLEIN

Obwohl dem Weihnachtslied „Stille Nacht" wesentliche Merkmale des alpenländischen Volksliedes fehlen, fand es zunächst Verbreitung als „echtes Tiroler Lied".

Übersichtlich gestaltete Schautafeln ermöglichen auch einer größeren Zahl von Besuchern eine rasche Orientierung.

83

"STILLE NACHT"
HALLEIN

"Quo vadis – Stille Nacht?": Die letzte Station im Rundgang durch das Museum.

„STILLE NACHT"
WAGRAIN

Die Marktgemeinde Wagrain im Pongau war die letzte Station im Leben und Wirken von Joseph Mohr. Hier fand sein soziales Engagement seinen Abschluss. Das Schulhaus geht auf die Gründung von Mohr zurück; auch zum Aufbau einer örtlichen Feuerwehr trug er bei.

Wirken für Kinder und sozial Schwache

In Wagrain konnte sich Mohr nach zahlreichen Versetzungen als Pfarrvikar sesshaft machen. Er wirkte hier elf Jahre lang, von 1837 bis 1848. Mit Umsicht widmete sich Mohr neben der Seelsorge den Hilfsbedürftigen. Innerhalb der ersten eineinhalb Jahre konnte er gemeinsam mit den Wagrainern ein mustergültiges Schulhaus errichten. Bis dahin stand im verfallenen Mesnerhaus für etwa hundert schulpflichtige Kinder eine einzige feuchte Stube mit unzureichender Beleuchtung zur Verfügung.

Joseph-Mohr-Grab
im Friedhof

Joseph-Mohr-Schule
neben dem Friedhof

Pfarrhof
aus dem 17. Jahrhundert

Mohr-Tenne
am Mohr-Weg

Informationen:
Dir. Josef Hutter
5602 Wagrain J.-Mohr-
Weg 4 Tel. 06413-86360

Mohr – der „Vater der Armen"

Besonders nahm sich der Geistliche der alten Landarbeiter an, die mittellos als „Einleger" von einem Hof zum anderen wanderten. Mohrs Fürsorge ermöglichte ihnen ein menschlicheres Dasein. Er selbst starb völlig verarmt und wurde auf dem Ortsfriedhof bestattet.

Der Friedhof von Wagrain. Im Bildhintergrund die Joseph-Mohr-Schule.

„STILLE NACHT"
WAGRAIN

Pfarrkirche Wagrain, gotischer Bau, axial geknickt, mehrmals, zuletzt 1997, erweitert. Urkundlich 1359 erstmals erwähnt. Die Kirche ist vom Friedhof umgeben.

Joseph-Mohr-Orgel im Chor mit dreiseitigem Chorschluss. Orgelkrippe an der Mittelsäule, von Jakob Adlhart, Hallein, 1952.

„STILLE NACHT"
WAGRAIN

Joseph Mohr ist in Wagrain begraben. Er war nach einem stundenlangen Versehgang zu einem Bergbauern an einer Lungenentzündung erkrankt und gestorben.

„STILLE NACHT"
WAGRAIN

Pfarrhof: Bauernhaus mit Eckgrundriss, Obergeschoss in Holz, erbaut in der zweiten Hälfte des 17. Jahrhunderts. Hier lebte und starb Joseph Mohr.

„Malerwinkel" am Mohr-Weg mit „Mohr-Tenne". Die Geistlichen hatten auch die Landwirtschaft der Ökonomiepfarre zu versorgen.

„STILLE NACHT"
MARIAPFARR

In der Lungauer Gemeinde Mariapfarr hatte Joseph Mohr, bevor er nach Oberndorf versetzt wurde, kurze Zeit Dienst als Hilfsgeistlicher versehen. Hier entstand 1816 der Text zu „Stille Nacht". Mohrs Wunsch, 1843 nach Mariapfarr zurückzukehren, wurde vom Konsistorium abschlägig beschieden.

Liedtext in Mariapfarr gedichtet

Die neu entdeckte Mohrsche Fassung von „Stille Nacht" macht deutlich, dass der sechsstrophige Text bereits 1816 in Mariapfarr entstand.

Für den Joseph-Mohr-Pfarrsaal wurde eine Ausstellung mit verschiedenen Dokumenten, Urkunden und Bildern konzipiert.

Die Scharglkeusche, Heimat seiner angeblich väterlichen Vorfahren, liegt bei Pichl, nördlich von Stranach, an der Straße zwischen Mariapfarr und Tamsweg.

Mohr-Gedenkstätten:
Pfarrkirche,
Joseph-Mohr-Pfarrsaal
Pfarrer Josef Matzinger
5571 Mariapfarr
Pfarrstr. 19
Tel. 06473-8203
Exponate (in Arbeit)

Scharglkeusche in Pichl-Stranach: Haus der väterlichen Vorfahren (privat)

Aus der Scharglkeusche nahe der Taurach in Stranach bei Mariapfarr stammte der Soldat Joseph Franz Mohr, der angebliche Vater Josephs.

„STILLE NACHT"
MARIAPFARR

Inmitten des Kirchdorfes befindet sich die Pfarrkirche, ein gotischer Bau mit basilikaartigem Langhaus, romanischem Kern und Chorturm.

"STILLE NACHT"
AUTOGRAFEN

Kirchenlied

auf die

heilige Christnacht.

für

Sopran und Alt

...t

stiller Orgelbegleitung.

Text von Herrn Jos. Mohr Coadjutor.
comp. von Franz Gruber Schullehrer
in Arnsdorf und Organist in St Nicola
oesterr. Laufen.
1818.

Autograf VII: Titelseite. Die Handschrift dürfte um 1860 entstanden sein und befindet sich im Salzburger Museum Carolino Augusteum.

„STILLE NACHT"
AUTOGRAFEN

Das Weihnachtslied „Stille Nacht! Heilige Nacht!", 1818 für die Mette in der Oberndorfer St.-Nikolaus-Kirche entstanden, zählt zu den frühen Gelegenheitskompositionen Franz Xaver Grubers. Die Verbreitung dieses Liedes, das – wie Otto Erich Deutsch es formulierte – heute zum „Völkerlied" geworden ist, erfolgte zunächst nur langsam, im Bereich der diözesanen Grenzen, indem es mehrfach abgeschrieben und von Lehrern und Organisten weitergegeben wurde. Dass dabei die Namen der Autoren, des Textdichters und des Komponisten in einigen Abschriften nicht genannt sind, zählt zu den „gewöhnlichen Voraussetzungen" eines „Kunstliedes im Volksmund", ist aber auch Erklärung dafür, dass „Stille Nacht" mit zahlreichen Melodie- und Textvarianten überliefert ist.

Von Gerhard Walterskirchen

Authentische Veranlassung zur Komposition

Über die Entstehung des Liedes sind wir durch die „Authentische Veranlassung" unterrichtet, die Gruber 1854 zur Klärung der Autorschaft – zusammen mit einer originalgetreuen Abschrift von „Stille Nacht" – nach Berlin sandte. Die Königlich-Preußische Hofkapelle Berlin hatte eine Anfrage an die Erzabtei St. Peter in Salzburg zur Klärung des Sachverhaltes gerichtet, da der Salzburger Hof- und Domorganist Michael Haydn (1737 bis 1806) als Autor von „Stille Nacht" vermutet worden war.

P. Ambros Prennsteiner, Regenschori im Kloster St. Peter, ersuchte Gruber, die Entstehungsgeschichte des Liedes schriftlich festzuhalten und zusammen mit einer Kopie der Urschrift von „Stille Nacht" nach Berlin zu senden. Wie gewissenhaft Gruber diesem Ersuchen nachkam, zeigt schon der Umstand, dass zwei Briefkonzepte für diese Dokumentation erhalten sind. In Grubers mit 30. Dezember 1854 datiertem Schreiben heißt es: *„Es war am 24. Dezember des Jahres 1818, als der damalige Hülfspriester Herr Josef Mohr bei der neu errichteten Pfarr St. Nicola in Oberndorf dem Organistendienst vertretenden Franz Gruber (damals zugleich auch Schullehrer in Armsdorf) ein Gedicht überreichte, mit dem Ansuchen eine hierauf passende Melodie für 2 Solo-*

"STILLE NACHT" AUTOGRAFEN

Stimmen sammt Chor und für eine Guitarre-Begleitung schreiben zu wollen. Letztgenannter überbrachte am nämlichen Abend noch diesem Musikkundigen Geistlichen, gemäß Verlangen, so wie selbe in Abschrift dem Original ganz gleich beiliegt, seine einfache Composition, welche sogleich in der Heiligen Nacht mit allen Beifall produzirt wurde." Vorgetragen wurde das Lied, wie es im Briefkonzept heißt, *von dem geistl. Herrn Mohr (der ein guter Tenorist war) und dem Organisten Gruber (Baß). H. J. Mohr begleitete dasselbe mit der Guitarre [...] Da dieses Weihnachtslied durch einen bekannten Zillerthaler nach Tirol gekommen, dasselbe aber in einer Liedersammlung zu Leipzig etwas verändert erschienen ist, so beehrt sich der Verfasser dasselbe dem Originale gleichlautend beilegen zu dürfen."*

Diese Abschrift aus dem Jahr 1854 ist ebenso verloren gegangen wie die Urschrift des Liedes vom 24. Dezember 1818.

Erhalten sind jedoch vier Niederschriften Grubers und – als früheste erhaltene autografe Fassung – "Stille Nacht" in der Handschrift Joseph Mohrs aus der Zeit um 1825. Damit haben wir, nach derzeitigem Wissensstand, Kenntnis von folgenden Originalfassungen:

Die autografen Fassungen von Franz X. Gruber

(In der Zählung von Josef Gassner)

Autograf I (Urschrift)

für zwei Solostimmen, Chor und Gitarrebegleitung vom 24. Dezember 1818. Verschollen.

Autograf II

für zwei Singstimmen und Chor, ohne Begleitung, 1854 (?). Hallein, Keltenmuseum, Stille-Nacht-Archiv.

Autograf III

für zwei Solostimmen, Chor und Orgel, um 1830. Abschrift Grubers für den Schullehrer von Uttendorf, Andreas Wagner. Erhalten ist allerdings nur die Druckfassung der Ausgabe "Die heilige Nacht", Weihnachtsspiel für Kinder, herausgegeben von Johann Georg Huber, Linz 1885.

Autograf IV

für zwei Solostimmen, vierstimmigen Chor, Flöte, 2 Kla-

„STILLE NACHT"
AUTOGRAFEN

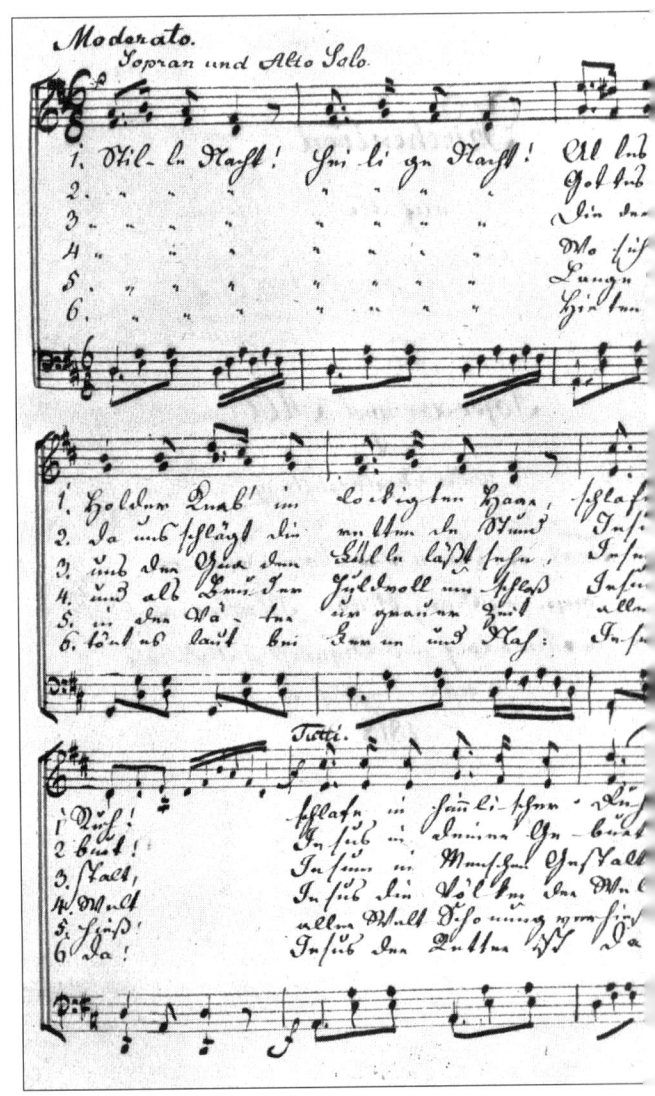

Autograf VII: Letzte eigenhändige Niederschrift Grubers, um 1860.

"STILLE NACHT"
AUTOGRAFEN

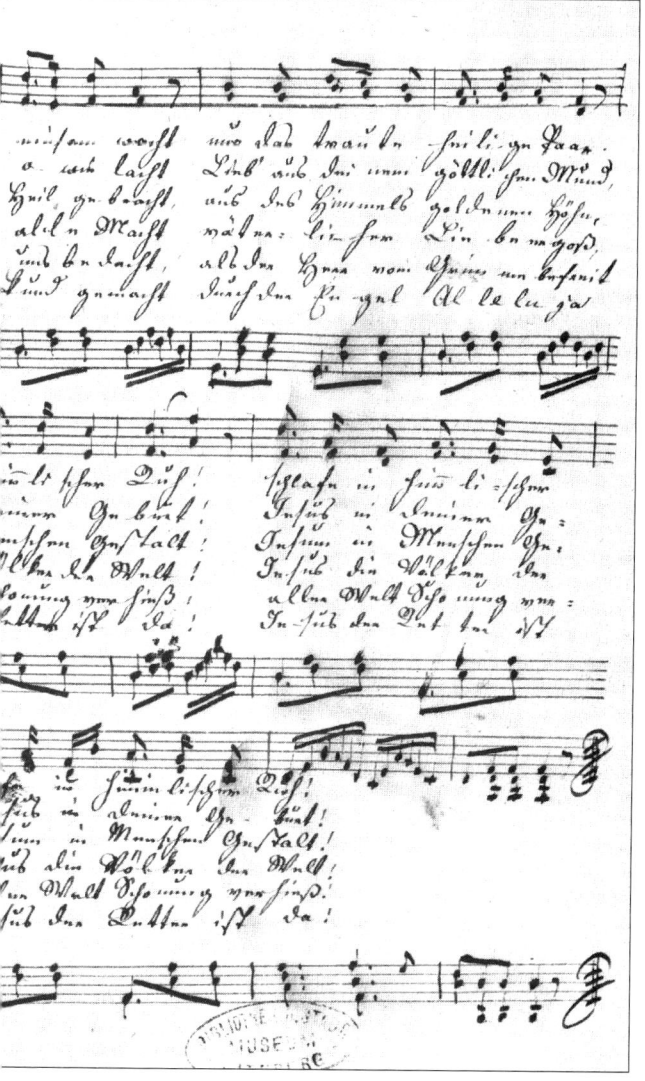

Die Orgelstimme greift den Duktus der Gitarrenbegleitung auf.

rinetten, Fagott, 2 Hörner, 2 Violinen, Viola, Kontrabass und Orgel. Hallein, 12. Dezember 1836. Hallein, Keltenmuseum, Stille-Nacht-Archiv.

Autograf V

für zwei Solostimmen, vierstimmigen Chor, 2 Hörner, 2 Violinen, Violoncello und Orgel. Hallein, um 1845. Hallein, Keltenmuseum, Stille-Nacht-Archiv.

Autograf VI

Originalgetreue Abschrift, die Gruber 1854 zusammen mit seiner „Authentischen Veranlassung" nach Berlin sandte. Verschollen.

Autograf VII

für zwei Singstimmen und Orgel, um 1860. Salzburg, Museum Carolino Augusteum, Musikaliensammlung.

Thesen zu Urschrift und Uraufführung

Die Urschrift von „Stille Nacht" (Autograf I) konnte bis heute nicht aufgefunden werden und gilt als verloren. Sie umfasste vermutlich nur die beiden Singstimmen; Mohr hat das Lied zunächst offenbar aus dem Stegreif begleitet. Bezweifelt darf werden, ob bei der Uraufführung 1818 ein „Chor" den Refrain gesungen hat: Zum einen gab es damals wohl „Kirchensinger" – vier Männer, die ein vom offiziellen Kirchengesangbuch unabhängiges Repertoire pflegten –, doch noch keine Kirchenchöre, zum anderen fehlt bei der frühen Überlieferung des Liedes der Hinweis auf eine Mitwirkung des Chores.

Joseph Mohr begleitete „Stille Nacht" auf der Gitarre. Die Gitarre war im 19. Jahrhundert – neben dem Klavier – das bevorzugte Hausmusikinstrument, doch keinesfalls ein Ersatz für die Orgel in der Kirchenmusik. Selbst wenn Gruber 1824 das Orgelpositiv der St.-Nikolaus-Kirche in Oberndorf als *„sehr alt, wurmstichig und in manchen Tönen unbrauchbar"* bezeichnete: Es findet sich in den frühen Berichten – weder von Franz Xaver Gruber selbst, noch von seinem Sohn Felix oder dem Tamsweger Dechant Andreas Winkler, der mit Joseph Mohr persönlich bekannt war – ein Hinweis auf ein Versagen des Orgelwerkes in der Christnacht, ganz zu schweigen auf einen von Mäusen zerfresse nen Blasbalg, wie die Legende zu berichten weiß. Viel wahrscheinlicher ist die Annahme, dass „Stille Nacht" 1818 vor der Krippe musiziert und deswegen eine Gitarre als Begleitinstrument gewählt wurde.

Seit dem späten 16. Jahrhundert war es üblich, zur Weihnachtszeit Krippen mit beweglichen Figuren aufzustellen. Entsprechend reich ist auch der Fundus an Pastoralmusik, vor allem aus Barock und Klassik. Ihr liturgischer Ort im Hochamt war vor oder nach der Predigt, oder als Gradualersatz, zum Offertorium oder zur Kommunion. Vorstellbar wäre auch, dass „Stille Nacht" erst nach Abschluss der Liturgie, wie es die heutige Praxis meist vorsieht, aufgeführt wurde. Falls Mohr in der Mette als Zelebrant fungiert oder konzelebriert hat, kann „Stille Nacht" nur nach dem Gottesdienst seine Uraufführung erlebt haben, da es undenkbar ist, dass Mohr im Messgewand die Gitarre gespielt hat.

Die Zeit der Aufklärung und die von ihr betriebene Säkularisation hatten zwar Krippen als „kindisch" verurteilt und vorübergehend aus den Kirchen verbannt, doch die Bevölkerung wollte nicht auf die liebgewordene Tradition verzichten. Die vielfigurige Krippe der St.-Nikolaus-Kirche in Oberndorf – sie stammt aus der zweiten Hälfte des 18. Jahrhunderts und wurde in späterer Zeit ergänzt – befindet sich heute im Innviertler Volkskundehaus in Ried im Innkreis. Sie zeigt u. a. die Darstellung der Geburt Christi mit der Anbetung der Hirten, die in der Bauern- und Schiffertracht der Zeit um 1800 gekleidet sind.

Die Autografen II bis VII. Kongruenzen und Differenzen

Nur eine der autografen Fassungen ist von Gruber selbst datiert worden, nämlich Autograf IV vom 12. Dezember 1836.

Autograf II ist, wie Thomas Hochradner im „Thematischen Verzeichnis der Werke von Franz Xaver Gruber" nachzuweisen versucht hat, Grubers Skizze – ohne Begleitung – für das verschollene Autograf VI., das Gruber 1854 an die Berliner Hofkapelle gesandt hat. Demnach wäre Autograf II,

"STILLE NACHT"
AUTOGRAFEN

Autograf V.: Sogenannte „Hornfassung", um 1845. Keltenmuseum Hallein, Stille-Nacht-Archiv.

„STILLE NACHT"
AUTOGRAFEN

Am rechten Rand der Partitur ist eine Mitteilung zur Weitergabe des Blattes vermerkt.

das nur eine flüchtige Bleistift-Niederschrift der Singstimmen (ohne Begleitung) darstellt, bloß die Vorlage für Autograf VI gewesen. Dennoch dürfte dieses Autograf II diejenige Fassung sein, die der Urschrift am nächsten kommt, denn diese hat – wie gesagt – vermutlich nie eine ausgeschriebene Gitarrenstimme besessen.

Drei autografe Fassungen verwahrt das Stille-Nacht-Archiv des Keltenmuseums Hallein, eine die Musiksammlung im Museum Carolino Augusteum in Salzburg. Sie weisen folgende Unterschiede auf:

Autograf II umfasst fünf Textstrophen, Autograf IV sämtliche sechs Strophen, Autograf V nur eine Strophe, Autograf VII enthält wiederum alle sechs Strophen. Autograf IV bringt wegen des hohen Bläseranteils den Satz in Es-Dur, alle anderen Fassungen stehen in der Tonart D-Dur. Autograf II, III, V und VII sehen für die Ausführung zwei Solostimmen und, mit Ausnahme von Autograf VII, auch den Chor zur Wiederholung der beiden Schlussverse vor. Die Begleitung der Singstimmen ist im Autograf III und VII der Orgel, im Autograf IV und V dem Orchester übertragen. Die sogenannte „Hornfassung" (Autograf V) gilt als „vollkommenste" Form des Liedes, „die sich von der Improvisation der ersten Fassung entfernt, aber das Werk im Wesentlichen unverändert lässt".

Textlich gleichen Grubers Autografen einander weitgehend. Im Autograf II begegnet die liedgeschichtlich interessante Textvariante „heil'ge" statt „heilige Nacht". Wie das Autograf von Joseph Mohr bestätigt, war „heil'ge" die ursprüngliche Form. Ein weiteres Kriterium der „Urfassung" bilden die Punktierungen zum dritten Achtel in den Takten 5, 7 und 11 und die in Quartbewegung aufwärts geführten Sechzehntelnoten in Takt 11.

Auf zu sehr ins Detail führende Abweichungen soll hier nicht näher eingegangen werden – sie sind in der Fachliteratur eingehend diskutiert und dargestellt worden. Wohl aber sollen die Unterschiede zu der von Joseph Mohr überlieferten Fassung zur Sprache kommen.

„STILLE NACHT"
AUTOGRAFEN

Die autografe Fassung von Joseph Mohr

Für zwei Singstimmen und Gitarrenbegleitung, um 1825. Salzburg, Privatbesitz.

Trotz aller Bemühungen konnte die verschollene Urschrift von „Stille Nacht" nicht aufgefunden werden. Nachforschungen, die Nachlass und Personenkreis um die Autoren des Liedes betrafen, verliefen negativ. Umso erstaunter war die Fachwelt, als am 8. Dezember 1995 vom Salzburger Museum Carolino Augusteum eine bisher unerkannt in Privatbesitz befindliche autografe Fassung von Joseph Mohr der Öffentlichkeit präsentiert wurde.

Den Forschern war klar, dass Mohr im Besitz der zweistimmigen Fassung Grubers, möglicherweise sogar der Urschrift, dem Autograf I Grubers, sein konnte.

Mohr hat offenbar das Lied, ebenso wie Gruber, an Dritte weitergegeben. Für diesen Zweck dürfte er um 1825 „Stille Nacht" in der Originalbesetzung für zwei Singstimmen und Gitarre in Reinschrift gebracht haben. Dass es sich um eine spätere Niederschrift des Liedes, nicht um dessen „Urschrift" handelt, lassen die saubere Text- und Notenschrift, die gewissenhafte Nennung der Autoren – die Namen Mohr und Gruber sind ebenso unterstrichen wie die Tempo- und Besetzungsangaben – und die ungewöhnlich detaillierten dynamischen Hinweise erkennen.

Dem Historiker fällt sofort Mohrs Datierung des Textes auf: Durch die Bezeichnung „Coadjutor 1816" wird deutlich, daß Joseph Mohr die sechs Strophen von „Stille Nacht" bereits 1816, als er noch Koadjutor in Mariapfarr im Lungau war, verfasst hat. Im Jahr danach wurde Mohr als „Hilfspriester" nach Oberndorf versetzt.

Dem Musiker wird rasch bewusst, dass wir mit dem Autograf Mohr nun eine authentische Begleitstimme für Gitarre besitzen – bisher war nur eine schlichte Gitarrenfassung des Eugendorfer Schullehrers Franz Neubauer aus dem Jahr 1848 bekannt – mit einer schriftlich fixierten Fassung der ursprünglich wohl nur improvisierten Begleitung. Bemerkenswert sind auch die Abweichungen von den autografen Fassungen Franz Xaver Grubers. Dass das Zeichen für die Wiederholung der beiden Schlussverse durch einen „Chor" fehlt, entspricht gewiss dem intimen Charakter dieser Begleitform. Differenzen in der Melodieführung betreffen die Takte 5 und 7 und die Punktierung im Takt 9 auf der vierten Achtelnote, die sich bei Gruber, nicht jedoch bei Mohr findet. Umgekehrt notiert Gruber in der zweiten Hälfte von Takt 11 eine Punktierung, nicht jedoch Mohr. Der Musiker Mohr ist, wie es den Vorstellungen seiner Zeit entsprach, mit der Vorlage, d. h. mit Grubers zweistimmigem Satz, frei umgegangen. Das ändert jedoch, trotz eines immer wieder begonnenen „Urheberstreites", nichts an den Fakten: Mohrs Autograf bestätigt, was dann Gruber in seiner „Authentischen Veranlassung" 1854 dargestellt hat.

Mit dem Vermerk *mpia* (manu propria, eigenhändig) nach seinem Namenszug beglaubigt er F. X. Gruber als Autor der Melodie. Damit sind alle Spekulationen, Mohr habe „Stille Nacht" in Text und Melodie geschaffen, endgültig widerlegt.

Die zeitgenössische Überlieferung des Liedes in Abschriften

Die zeitgenössische abschriftliche Überlieferung von „Stille Nacht" geht im Wesentlichen auf Franz Xaver Grubers autografe Niederschriften zurück.

Die früheste erhaltene Kopie, für zwei Singstimmen ohne Begleitinstrument, dürfte bereits um das Jahr 1819 von Blasius Wimmer in Waidring in Tirol angelegt worden sein. Da Waidring eine Poststation an der Strecke über den Pass Strub war, könnte Wimmer das Lied von dem Orgelbauer Carl Mauracher übernommen haben, der es – der Familientradition nach – in das Zillertal gebracht haben soll.

Weitere Fassungen für zwei Singstimmen und kleines Orchester stammen u.a. von Johann Reinhardshuber (1826), Johann Schober (Uttendorf, OÖ., 1843), Joseph Wernspacher (Forstau, um 1840) und Franz Neubauer (Eugendorf 1849). Im Jahr davor hatte Neubauer das Lied in einer Fassung für zwei Singstimmen und Gitarre notiert, die über lange Zeit die einzige bekannte Gitarrenfassung darstellte. Obwohl Neubauer in Eugendorf, einem früheren Wirkungsort Joseph Mohrs, tätig war, weisen seine Abschriften Merkmale der Fassungen Grubers auf. Einzig Johann Weindl übernahm in seiner 1822 für den Gebrauch an der Salzburger Domkirche entstandenen Fassung für zwei Singstimmen, zwei Klarinetten, zwei Hörner, Kontrabass und Orgel jene charakteristische Wendung der Melodie in den Takten 5 und 7 des Liedes, die Mohrs Autograf als Vorlage vermuten lässt.

Die zeitgenössischen gedruckten Überlieferungen

So verbreitet und verwurzelt „Stille Nacht" seit der Mitte des 19. Jahrhunderts im Volk war, so zögernd hat es in die kirchlichen Gesangbücher Eingang gefunden – und wenn, dann meist in Text und Melodie entstellt.

Die vermeintliche „Verniedlichung" des Heilsgeschehens, die, biedermeierlichen Genrebildern gleich, dem Zeitgeist entsprach, gab immer wieder Anlass zu Umdichtungen. Und Grubers Melodie und Satz wurden in diesen Gesangbüchern simplifiziert. Dies war mit ein Grund, dass Gruber seiner „Authentischen Veranlassung" eine Kopie der Originalfassung beilegte.

„Stille Nacht" hatte zunächst in mehrere in Leipzig bzw. Dresden erschienene Liedersammlungen Aufnahme gefunden: Um 1832 in A. R. Frieses *„Vier ächte Tyroler Lieder für eine Singstimme mit Begleitung des Pianoforte oder der Guitarre"*, 1838 in die Sammlung *„Choral-Melodien zu dem Katholischen Gesang- und Gebetbuche für den öffentlichen und häuslichen Gottesdienst"*, 1843 in G.W. Finks *„Musikalischen Hausschatz der Deutschen"* und 1844 in Gebhardts *„Musikalischen Kinderfreund"*.

Frieses Erstdruck des Liedes wurde zum Ausgangspunkt für die Verbreitung von „Stille Nacht! Heilige Nacht!" in Europa. 1866 schließlich wurde „Stille Nacht" in den in Salzburg publizierten Band *„Katholische Kirchenlieder mit ihren Melodien"* aufgenommen.

„STILLE NACHT"
AUTOGRAFEN

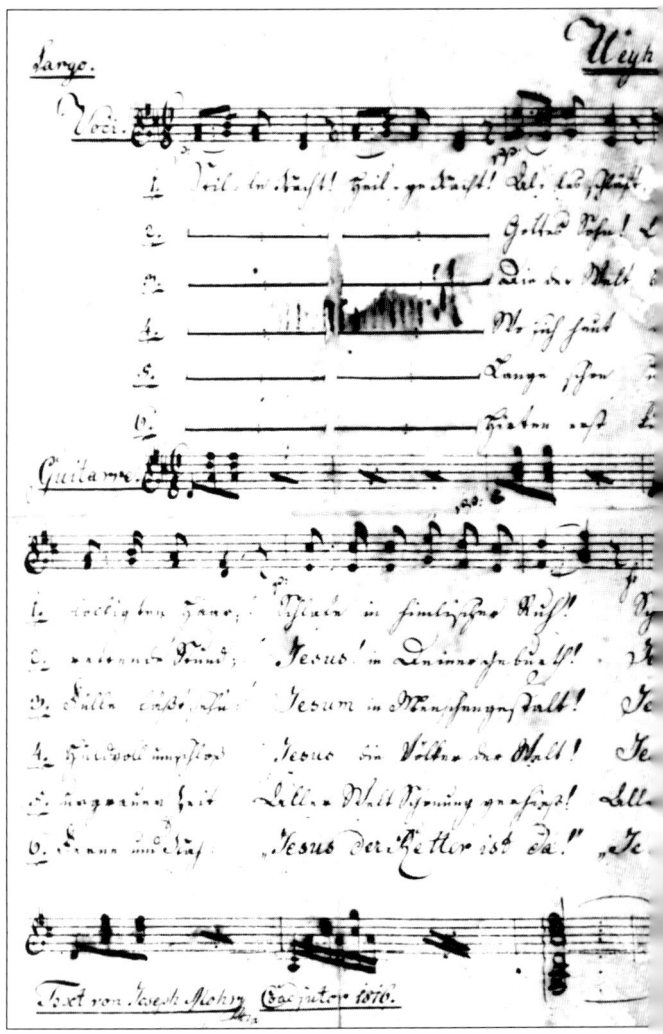

Neu entdecktes Autograf: 1995 wurde vom Salzburger Museum Carolino Augusteum eine in Privatbesitz befindliche, bisher unbekannte Liedaufzeichnung Mohrs präsentiert.

"STILLE NACHT"
AUTOGRAFEN

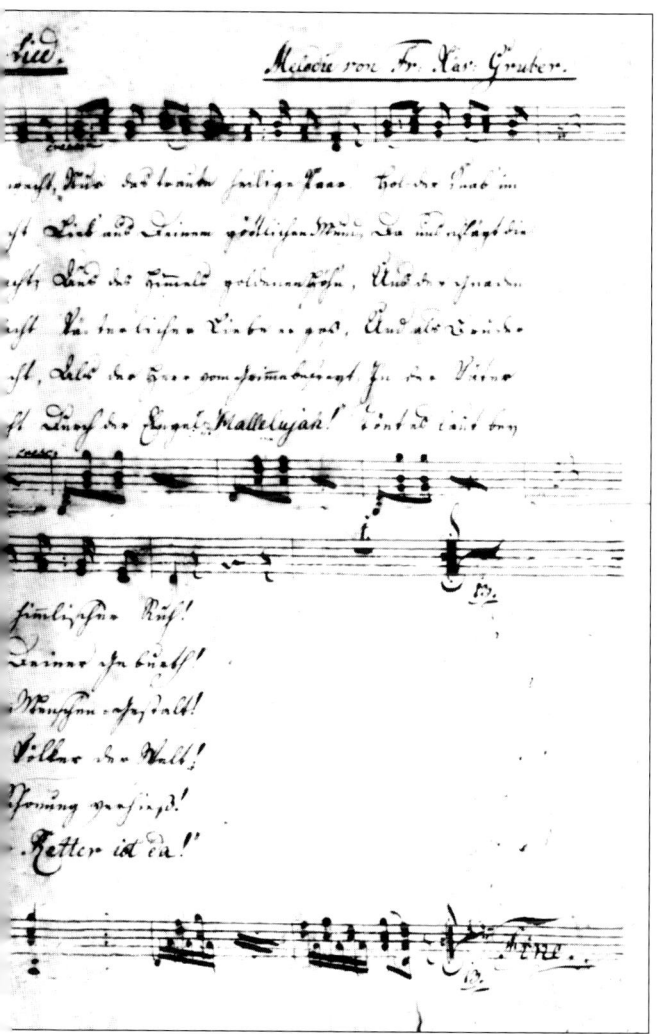

Das bisher einzig bekannte „Stille- Nacht"-Autograf von Joseph Mohr weist die Besetzung der „Urfassung" mit zwei Singstimmen und Gitarre auf.

"STILLE-NACHT"-GESELLSCHAFT
AUFGABEN UND TÄTIGKEIT

Stille-Nacht-Symposium in Salzburg und Arnsdorf: Umstände und begleitende Faktoren der Entstehung und Verbreitung des Liedes wurden diskutiert.

Das Symposium war prominent besetzt.

„STILLE-NACHT"-GESELLSCHAFT
AUFGABEN UND TÄTIGKEIT

Die Stille-Nacht-Gesellschaft hat sich zum Ziel gesetzt, die Erforschung der Biografie und des Werkes von Franz Xaver Gruber und Joseph Mohr sowie aller mit dem Stille-Nacht-Lied zusammenhängenden Umstände zu betreiben.

Dem Lied verpflichtet

Dem Verein gehören derzeit rund 200 Mitglieder an, die größtenteils in Österreich, vorwiegend im Bundesland Salzburg, beheimatet sind. Aber auch Freunde des Stille-Nacht-Liedes in Deutschland, dem übrigen Europa und den USA zählen zu den Mitgliedern.

Die konstituierende Sitzung fand am 15. Mai 1972 statt. Initiator war Direktor Anton Weber, Geschäftsführer der Unitas-Einkaufsgenossenschaft in Wien. Weber stand in engem Kontakt mit der Kaufmannsfamilie Rainer in Fügen im Zillertal, Nachfahren jener Zillertaler Sängerfamilie, die das Lied als Erste weltweit bekannt machte.

In Anwesenheit von Landeshauptmann DDr. Hans Lechner und zahlreicher Prominenz fand am 10. Dezember 1972 in der Salzburger Residenz der Gründungsfestakt statt. Nach dem unerwarteten Ableben Anton Webers bereits im folgenden Jahr übernahm der Stille-Nacht-Forscher Alois Leeb interimistisch als Obmann die Führung der Gesellschaft. Auf Initiative des Kulturreferenten der Marktgemeinde Oberndorf, Dr. Othmar Kundrath, gelang es in kurzer Zeit, einen funktionsfähigen Vorstand zu gewinnen.

In der außerordentlichen Generalversammlung am 13. Juli 1974 übernahm der Salzburger Chefredakteur Luis Grundner, Autor eines anerkannten Stille-Nacht-Buches, als Präsident die Leitung und Weiterführung der Gesellschaft. Auch Grundner blieb nicht lange in dieser Funktion. Er starb im Frühjahr 1978.

Über Anregung von Oberndorfs Bürgermeister Vet.-Rat Dr. Raimund Traintinger und Landeshauptmann DDr. Hans Lechner, welcher der Gesellschaft maßgebliche Unterstützung zuteil werden ließ, konnten namhafte Persönlichkeiten aus Industrie und Handel als Förderer der Gesellschaft begrüßt werden.

„STILLE-NACHT"-GESELLSCHAFT
AUFGABEN UND TÄTIGKEIT

Initiativen

In der Person von Chefredakteur Prof. Eberhard Zwink, dem Leiter des Landespressebüros, glückte es, einen neuen, initiativen Präsidenten zu gewinnen. In der Generalversammlung vom 10. Dezember 1978 wurde Prof. Zwink mit dieser Aufgabe betraut. Unter ihm erfuhr die Gesellschaft einen beträchtlichen Aufschwung und große Anerkennung. So wurden die Organisation umgestaltet und neue Strukturen erstellt, welche auch heute noch die Basis für die ersprießliche Arbeit der Gesellschaft darstellen.

Von großem Vorteil erwies sich die Zusammenführung der Stille-Nacht-Gesellschaft mit dem in Hallein bestehenden „Franz-X.-Gruber-Kuratorium" und die Installierung von zwei wissenschaftlichen Beiräten – einem „Beirat zur Erforschung der musikalischen Werke Franz X. Grubers" und einem „Beirat zur Stille-Nacht-Forschung".

Präsident Prof. Eberhard Zwink und Vizepräsident Dr. Roland Floimair wirkten erfolgreich im organisatorischen Bereich, u. a. für die Edition ausgewählter Werke von Franz X. Gruber in der Reihe „Denkmäler der Musik in Salzburg". Im Jänner 1980 kamen erstmals die „Blätter der Stille-Nacht-Gesellschaft" heraus, die seither zwei- bis dreimal jährlich aufgelegt werden.

1985 wurde Dr. Gerhard Lindinger, in leitender Funktion im ORF-Landesstudio Salzburg bzw. im Landespressebüro Salzburg tätig, zum Präsidenten der Gesellschaft gewählt. Er sorgte für eine breite mediale Präsenz der Gesellschaft und ihrer Aktivitäten, wobei er selbst zahlreiche Beiträge in Hörfunk und Fernsehen gestaltete.

Große Verdienste erwarb sich auch Mag. Rudolf Eberl, der viele Jahre im „Franz-Xaver-Gruber-Kuratorium der Halleiner Banken und Industrie" wirkte und maßgeblichen Anteil an der Zusammenführung verschiedener lokaler Institutionen in die im Jahre 1979 neustrukturierte „Stille-Nacht-Gesellschaft" hatte. Mag. Eberl stand der Gesellschaft von 1988 bis 1991 vor. 1989 konnte unter seiner Präsidentschaft das „Thematische Verzeichnis der musikalischen Werke" F. X. Grubers präsentiert werden.

"STILLE-NACHT"-GESELLSCHAFT
AUFGABEN UND TÄTIGKEIT

Folge 32 - Jahrgang 1993 - Juli 1993   Postgebühr bar bezahlt

Blätter der Stille Nacht Gesellschaft

VEREIN ZUR
ERFORSCHUNG DES LEBENS
UND WERKES VON FRANZ XAVER GRUBER
SOWIE ALLER MIT DEM STILLE-NACHT-LIED UND
JOSEPH MOHR ZUSAMMENHÄNGENDEN UMSTÄNDE

Zum Todestag des Komponisten von »Stille Nacht, Heilige Nacht«:

Vor 130 Jahren starb Franz Xaver Gruber

»Da nun die Zeit drängt« - F. X. Gruber, geboren 1787, gestorben 1863

»Da nun die Zeit drängt«.
Mit diesen Worten beginnt das letzte Schreiben von Franz Xaver Gruber, das uns von seiner Hand geblieben ist. Ein Zettel, auf dem er einen Brief entwirft, geschrieben am 3. Februar 1862, also ungefähr ein und ein halbes Jahr vor seinem Tode. Mit Mühe läßt sich der Zusammenhang des Textes herstellen. Immer wieder sind seine Worte durchgestrichen und ausgebessert; er kann keinen klaren Gedanken mehr fassen und ist verzweifelt, daß er seine geliebte Schreibarbeit aufgeben muß.
»Heute zum letzten Mal«, diese Worte sind unterstrichen, wird er die Kanzlei führen. Er spürt, daß es mit ihm zu Ende geht. Der Sohn Felix, der sich nach dem Tode des Vaters um die Chorregentenstelle bewirbt, schreibt in seinem Gesuch, daß »... ihn überdies heuer das Malheur traf, so plötzlich von Schwindel befallen zu werden, welcher ihn viele Stunden des Tages hindert, daß er weder etwas rechnen noch schreiben kann.« *Fortsetzung umseitig*

Franz Xaver Gruber, Denkmal am Kirchplatz in Oberndorf (Ausschnitt)

20 Jahre Stille-Nacht-Gesellschaft	Seite 4
Besprechung: Neues Heft erschienen	Seite 6
Stille-Nacht-Symposium in Salzburg	Seite 7

Die „Blätter der Stille-Nacht-Gesellschaft" erscheinen zwei- bis dreimal im Jahr. Sie informieren über aktuelle wissenschaftliche Forschungsergebnisse, ebenso über Veranstaltungen der Stille-Nacht-Gemeinden und über die Vereinstätigkeit.

„STILLE-NACHT"-GESELLSCHAFT
AUFGABEN UND TÄTIGKEIT

Verstärkte wissenschaftliche Tätigkeit

1991 wurde Roland Soini, Prokurist eines Großunternehmens, zum Präsidenten gewählt. Unter seiner Amtsführung liegt ein besonderer Akzent auf der wissenschaftlichen Tätigkeit der Gesellschaft und einer kritischen Auseinandersetzung mit den gestellten Aufgaben.

Umfassenden Einblick in das kompositorische Schaffen Franz X. Grubers gewährt das von Thomas Hochradner erarbeitete Gesamt-Werkeverzeichnis, das 1989 vorgelegt wurde und seither die unverzichtbare Grundlage für weiterführende Forschungen bildet. Eine 1979 initiierte Herausgabe ausgewählter Werke wurde in Zusammenarbeit mit dem Institut für Musikwissenschaft der Universität Salzburg fortgesetzt. Bisher sind in der Reihe „Denkmäler der Musik in Salzburg" die Deutsche Messe in D – „Gott! auf Dein Wort erscheinen wir" (sog. Hornmesse), die Deutsche Messe in Es – „Sieh, Gott vom Himmel nieder" und das „Deutsche Requiem in F „Gib den Seelen in der Pein" sowie die „Missa in Contrapuncto", eine für die Advent- und Fastenzeit komponierte lateinische Messe, erschienen. Eine für Wissenschaft und Praxis gleichermaßen bedeutsame Edition der autografen Fassungen von Franz X. Gruber und der wichtigsten handschriftlichen zeitgenössischen Überlieferungen konnte von der Gesellschaft 1987 veröffentlicht werden. Als jüngste Notenausgaben liegen bisher unveröffentlichte Advent- und Weihnachtslieder von Gruber und Komponisten seiner Zeit und als Einzelausgabe Grubers „Heiligste Nacht" aus dem Jahre 1836 vor.

Die Herausgabe dieser Partituren lag in den Händen der Musikwissenschafter Ernst Hintermaier, Thomas Hochradner und Gerhard Walterskirchen. Sie waren es auch, die die wissenschaftliche Arbeit der Gesellschaft in den vergangenen Jahren zu grossen Teilen geleistet haben. Um die Aufführung Gruberscher Werke machten sich insbesondere der Dirigent Günther Firlinger und Franz Holzner als Organisator verdient. Mit Unterstützung der Gesellschaft konnte auch die von Firlinger komplettierte Orchestermesse in D (sog. Hochzeitsmesse) gedruckt werden.

„STILLE-NACHT"-GESELLSCHAFT
AUFGABEN UND TÄTIGKEIT

Das Forschungsinstitut für Salzburger Musikgeschichte und das Salzburger Volksliedwerk veranstalteten gemeinsam mit der Stille-Nacht-Gesellschaft 1993 ein Symposium, das eine Auseinandersetzung mit Geschichte, Umfeld und Rezeption des Liedes brachte.

Von Dr. Thomas Hochradner

Internationales „Stille-Nacht"-Symposium

Namhafte Vortragende aus dem In- und Ausland gewährten, weitab jeder Bestandsaufnahme, eine kritische Sichtung der vielschichtigen Geschehnisse rund um die Entstehung und Verbreitung des Liedes, deren unterschiedliche Blickwinkel in eingehenden Diskussionen noch vertieft wurden.

Einzelne Referate umspannten zunächst jenen historischen Rahmen, in welchem „Stille Nacht" 1818 entstand.

Reinhard R. Heinisch stellte eingangs die unsichere politische Lage Salzburgs zu Beginn des 19. Jahrhunderts heraus. Vormals selbstständig, wechselte das Land damals in rascher Folge die Staatszugehörigkeit zu Bayern und Österreich, war vorübergehend von französischen Truppen besetzt, ehe es schließlich 1816 endgültig Österreich zugeschlagen und zunächst von Linz aus verwaltet wurde. In kurzer Zeit hatte das Leben in Salzburg provinziellen Charakter angenommen.

Wolfgang Suppan und Helmut Loos führten in die Ausdruckswelt des Weihnachtsliedes vor 1800 ein. Liedaufzeichnungen aus deutschen Sprachinseln Osteuropas und eine Untersuchung zum Topos des Weihnachtsliedes in der Zeit der Aufklärung ließen das Nachlassen traditioneller Weihnachtsmusik gegen Ende des 18. Jahrhunderts und eine Tendenz zur Veränderung althergebrachter Formen erkennen.

Ernst Hintermaier bot einen durch informative Quellen belegten Einblick in die spezifische Situation kirchenmusikalischen Musizierens im salzburgischen Gebiet. Im Anschluss an zur Regierungszeit Erzbischof Hieronymus Graf Colloredos eingeleitete Reformen, welche Johann Michael Haydn in Kompositionen beispielhaft umgesetzt hatte, war es zu einer grundlegenden Neugestaltung der

"STILLE-NACHT"-GESELLSCHAFT
AUFGABEN UND TÄTIGKEIT

Kirchenmusik gekommen. Dem Schullehrer, in der Regel zugleich Mesner und Organist, fielen dabei entscheidende Aufgaben zu. Walburga Haas und Ottfried Hafner, die über das kulturelle Umfeld des biedermeierlichen Weihnachtsfestes referierten, legten mit ihren Ausführungen eine Grundlage für die kritische Beurteilung späterer Rezeptionsvorgänge, die in Vorträgen über die versuchte Verdrängung von „Stille Nacht" zur NS-Zeit (Esther Gajek) und beabsichtigte oder zufällige Missverständnisse in der Liedgeschichte (Thomas Hochradner) zur Sprache kamen. Eine vom nationalsozialistischen „Hauskomponisten" Hans Baumann geschaffene Ersatzkomposition (mit dem Titel „Hohe Nacht der klaren Sterne") konnte sich nach dem Zusammenbruch Hitler-Deutschlands nicht länger halten. Dagegen hat sich rund um „Stille Nacht" eine Fülle von Klischees und Legenden aufgebaut, welche nach wie vor zahlreichen Darstellungen der Entstehungsgeschichte zugrunde liegen. So gilt nicht selten eine Maus, die angeblich den Blasbalg angenagt und damit die Oberndorfer Orgel außer Betrieb gesetzt haben soll, als eigentlicher „Urheber" des Weihnachtsliedes; mit eben dieser „Untat" wird erklärt, warum das Lied ursprünglich nicht für Orgel-, sondern für Gitarrebegleitung konzipiert ist. Gegenwartsbezogen zeigte Wallace J. Bronner, Inhaber eines ganzjährig geöffneten „Christmas Wonderland" in der Nähe von Detroit (USA), die außerordentliche geschäftliche Anziehungskraft der Weihnachtsthematik, auch die bedeutende Stellung, welche „Stille Nacht" dabei zufällt, anschaulich auf. Aus der Fährte musikalischer Spuren lasen Franz Haselböck, Gerhard Walterskirchen und Wolfgang Gratzer, die das Weihnachtslied oder Zitate daraus in Orgelmusik, Chorsätzen und Werken zeitgenössischer Kunstmusik ausmachten. Hier wurde deutlich, wie „Stille Nacht" für Komponisten mehr und mehr zu einem Ausdrucksmittel nostalgischer Stimmung geriet. Dabei überrascht, dass es sich bei den besprochenen Kompositionen fast durchwegs um schwächer gestaltete musikalische Werke handelt, ob-

„STILLE-NACHT"-GESELLSCHAFT
AUFGABEN UND TÄTIGKEIT

wohl sie zu einem beträchtlichen Teil von anerkannten Künstlern (z. B. Max Reger, Arthur Honegger, Alfred Schnittke und Krzysztof Penderecki) stammen.

Spurensicherung glückte auch Thomas Krisch, als er den Liedtext mit sprachwissenschaftlichem Ansatz untersuchte und dabei im Allgemeinen ein für das beginnende 19. Jahrhundert typisches Vokabular, aber auch in frühere Zeit weisende Formulierungen vorfand. So lassen sich die Worte „traut" und „hold" im Alt- und Mittelhochdeutschen mit einer Sinnverwendung belegen, die im Text von „Stille Nacht" noch anklingt. Für die textlich und melodisch authentische Fassung des Weihnachtsliedes hielt Wilhelm Keller ein Plädoyer. Aufgrund seiner weitreichenden Kenntnisse über das weihnachtliche Volkslied in Salzburg bestritt er eine besondere Qualität der im Erstdruck (Dresden und Leipzig bald nach 1830) festgehaltenen sog. Leipziger Fassung und bezeichnete die melodische Variante von Takt 9 – hier wird eine wesentliche Differenz zur authentischen Version gebracht – als „billigen harmonischen Effekt".

Generell geben Beiträge aus dem Bereich der Volksmusikforschung manch unerwartete Aufschlüsse über das Lied. So entspricht die musikalische Gestaltung von „Stille Nacht! Heilige Nacht!", wie Walter Deutsch herausarbeitete, keineswegs dem gängigen Pastoraltypus der gebräuchlichen alpenländischen Weihnachtslieder dieser Zeit. Vielmehr stellt das Lied eine innovative Schöpfung, eine aus der Kunstmusik empfundene Weise vor.

Die deutliche Diskrepanz zwischen einer wiegenden Siciliano-Melodik und der tatsächlichen sizilianischen Volksmusik veranschaulichte das Referat von Gerlinde Haid. Beiden Ausformungen ist eigentlich nur der 6/8-Takt gemeinsam.

Überlegungen, die Hermann Fritz anhand einer gestaltanalytischen Betrachtung anstellte, stützen die Ansicht, dass, obwohl die Melodie auf bodenständiger Tradition beruht (weil es quasi „zweistimmig geboren" wurde), das Lied im Wesentlichen doch als eigenständige Komposition zu gelten hat. Eine Eigenständigkeit, die es in vielfältiger Resonanz erfolgreich

„STILLE-NACHT"-GESELLSCHAFT
AUFGABEN UND TÄTIGKEIT

behauptete: Sein Beginn säumt unverändert die ersten Takte eines im Flachgau verbreiteten Ansingeliedes und bildete den Ausgangspunkt einer großen Zahl von Textparodien.

Waltraud Linder-Beroud verglich diese Stille-Nacht-Parodien mit dem übrigen reichhaltig im Deutschen Volksliedarchiv, Freiburg i. Br., gesammelten Material und verdeutlichte so, dass „Stille Nacht" weit weniger zur Verballhornung als zu sozialkritischer Umdichtung und – besonders im Umfeld der beiden Weltkriege – Thematisierung des Soldatenlebens Anlass gab.

Ereignisse, die das Lied funktionalisieren, seine Inhalte mit der augenblicklichen Stimmung verschiedener Interessensgruppen verknüpfen ließ, sind heute nicht mehr aktuell. „Stille Nacht" hat seine einstige Identität als Ausdruck des bürgerlichen Weihnachtsfestes eingebüßt, und das kirchliche Hochfest der Geburt Jesu Christi besitzt für unsere Gesellschaft nicht mehr den früheren Stellenwert.

Fast zwangsläufig stellt sich daher eine Frage, die Hermann Regner erhob: *„Eigentlich ist unsere Welt keine Welt zum ‚Stille-Nacht'-Singen. Oder sollten wir gerade deswegen?"*

Ein Lied, das uns nicht allein im familiären Kreis, sondern weit öfter im Rahmen weihnachtlicher Verkaufsstrategie begegnet, hat auf den ersten Blick seinen direkten Bezug zur Festlichkeit, zur Innerlichkeit verloren. Aber „Stille Nacht" zehrt im Grunde nicht von seiner Vermarktung, es lebt aus sich selbst. Nicht nur, dass viele Menschen nach wie vor mit diesem Lied ihr persönliches „Weihnachten" unmittelbar verbinden – „Stille Nacht" ist eines der wenigen, vielleicht das einzige Lied, das nicht durch äußere Vermittlung, sondern als Teil einer Erlebniswelt aufgenommen, verstanden wird.

*

Der Symposiumsbericht „175 Jahre Stille Nacht! Heilige Nacht!" (Selke-Verlag, Salzburg, 1994) enthält sämtliche Beiträge der Tagung und lässt der aussergewöhnlichen, singulären Bedeutung von „Stille Nacht" in vielen Facetten nachspüren.

**"STILLE NACHT"-GESELLSCHAFT
AUFGABEN UND TÄTIGKEIT**

175 JAHRE
»STILLE NACHT! HEILIGE NACHT!«

Symposiumsbericht

Der Symposiumsbericht „175 Jahre Stille Nacht! Heilige Nacht!", erschienen im Selke-Verlag in Salzburg, stellt die bisher umfangreichste Auseinandersetzung und nachhaltigste wissenschaftliche Aufarbeitung zu diesem Thema dar.

„STILLE NACHT"
LITERATURVERZEICHNIS

„Stille Nacht! Heilige Nacht!" hat wie kein anderes Lied Literaten und Forscher dazu angeregt, über Entstehung und Verbreitung zu schreiben. Vieles ist freilich in den Bereich der Fantasie oder Spekulation zu verweisen. Im Folgenden wird eine Übersicht zur Fachliteratur geboten; die meisten der Aufsätze und Bücher sind jedoch vergriffen.

Joseph Bletzacher, Geschichte eines deutschen Weihnachtsliedes. In: Die Gartenlaube, Jg. 1891, Nr. 39, S. 98 f., Leipzig; Salzburger Zeitung 1895, Nr. 8.

Otto Franz Gensichen, Stille Nacht! Heilige Nacht! In: Über Land und Meer, Bd. 87, Stuttgart 1902, S. 190 f.; Innsbrucker Nachrichten v. 24. 12. 1900; Daheim. Ein deutsches Familienblatt, Jg. 45, Leipzig 1908/09, Nr. 12, S. 10 f.

Franz Gruber (Enkel des Komponisten), Wie das Weihnachtslied „Stille Nacht, Heilige Nacht" entstanden! In: Burggräfler, Meran 1905, Nr. 102, 103; Salzburger Chronik 1905, Nr. 296, 1906, Nr. 1; Salzburger Chronik 1907, Weihnachtsbeilage.

Franz Peterlechner, Stille Nacht, heilige Nacht. Die Geschichte eines Volksliedes. Linz (1916). 86 S.

Karl Weinmann, „Stille Nacht, heilige Nacht". Die Geschichte des Liedes zu seinem 100. Geburtstag. Regensburg 1918. 70 S. 2. Aufl. 1919.

Felix Gruber (Enkel des Komponisten), „Stille Nacht, heilige Nacht". Zum 100jährigen Geburtsfest des Liedes. In: Salzburger Chronik 1918, Nr. 296.

Melbert B. Cary, Stille Nacht, heilige Nacht. A Christmas Song by Franz X. Gruber and Josef Mohr. New York 1933, 27 S.

Luis Grundner, Stille Nacht. Geschichte des Welt-Weihnachtsliedes. Wien 1933. 96 S. 2. völlig neu bearb. Aufl. unter dem Titel: Stille Nacht, heilige Nacht. Geschichte unseres Weltweihnachtsliedes. Salzburg (1950). 80 S.

„STILLE NACHT"
LITERATURVERZEICHNIS

Otto Erich Deutsch, Stille Nacht, heilige Nacht! Getreue Wiedergabe der eigenhändigen Niederschrift von Franz Gruber. Mit einem Begleitwort über die Geschichte des Weihnachtsliedes. Wien 1937. 5 Bl.
Ebenso in: Österreichische Musikzeitschrift, 23, Wien 1968, S. 657 - 667.

Max Gehmacher, Stille Nacht, heilige Nacht! Das Weihnachtslied, wie es entstand und wie es wirklich ist. Salzburg 1937. 22 S. 2. Aufl. Salzburg 1951, weitere Auflagen durch den Verkehrsverein Oberndorf.

Hermann Spies, Über Joseph Mohr, den Dichter von „Stille Nacht, heilige Nacht". In: Mitteilungen der Gesellschaft für Salzburger Landeskunde, 84/85, Salzburg 1944/45, S. 122 - 141.

Michael Gundringer, Stille Nacht, heilige Nacht. Das unsterbliche Lied, wie es entstand. Oberndorf 1950 (?). 64 S. (Romanhafte Darstellung.)

Rudolf Freudlsperger, Das friedlose Friedenslied. Eine Betrachtung über die Entstehung des Weihnachtsliedes „Stille Nacht, heilige Nacht!". Salzburg 1949. 6 Bl. Gekürzt in: Blätter der Stille-Nacht-Gesellschaft, Folge 28, 1989, S. 3 f.

August Stockklausner, Stille Nacht. Das unsterbliche Lied aus Oberndorf bei Salzburg. 3. Aufl. Oberndorf 1960. 32 S.

Josef Gassner, Franz X. Grubers Autographen von Stille Nacht, heilige Nacht. Mit einer kurzen Geschichte des Liedes. In: Salzburger Museum Carolino Augusteum. Jahresschrift, Bd. 3, 1957 (Salzburg 1958) S. 83 - 112, mit 6 Tafeln. Überarbeitet in: Stille Nacht Heilige Nacht. Geschichte und Ausbreitung eines Liedes, hg. v. Alois Schmaus und Lenz Kriss-Rettenbeck, Innsbruck und München 1968, S. 23 - 60, 165 - 174.

„STILLE NACHT"
LITERATURVERZEICHNIS

Rudolf Bayr, Stille Nacht, Heilige Nacht. Das Buch vom Weihnachtslied. Wissenschaftl. Beratung: Josef Gassner. Foto: Josef Dapra. Salzburg 1962 (6.-10. Tsd. 1964). 124 S. u. Taf.

Elmar Komjathi-Schwartz, Europa singt „Stille Nacht, Heilige Nacht..." Innsbruck 1963. 141 S. (Schlern-Schriften. 230.)

Josef Mühlmann, Franz X. Gruber. Sein Leben. Salzburg 1966. 99 S.

Alois Schmaus, Lenz Kriss-Rettenbeck (Hg.), Stille Nacht, Heilige Nacht. Geschichte und Verbreitung eines Liedes. Unter Mitarb. von J. Gassner (im Wesntl. identisch mit der Publikation Stille Nacht, Heilige Nacht) und Erminold Füssl. Innsbruck–München 1967. 187 S. u. Taf. (Das Buch stellt eine völlige Neugestaltung der Ausgabe von E. Komjathi-Schwartz dar.)

Franz Floimair, Das Weihnachtslied Stille Nacht, heilige Nacht! Oberndorf 1985. 50 S.

August Rettenbacher, 175 Jahre „Stille Nacht" 1818-1993. Liedsätze und Texte. Vorwort von Thomas Hochradner. Franz Wöginger, St. Koloman 1993. 16 S.

Thomas Hochradner, Ein Lied verliert die Fassung. Variantenbildung in „Stille Nacht! Heilige Nacht!", in: Festschrift Wolfgang Suppan (60), hg. v. Bernhard Habla, Tutzing 1993, S. 69 - 81.

ders., Parataktisches. „Stille Nacht! Heilige Nacht!" und das Salzburger Musikleben im 19. Jahrhundert, in: Schubert in Salzburg. Ausstellungskatalog, hg. v. P. Petrus Eder OSB und Ernst Hintermaier, Salzburg 1997, S. 41 - 44.

Thomas Hochradner, Gerhard Walterskirchen (Hg.), 175 Jahre „Stille Nacht! Heilige Nacht!", Symposiumsbericht, Salzburg 1994. 254 S. (Veröffentlichungen zur Salzburger Musikgeschichte. 5.)

„STILLE NACHT"
EDITIONSVERZEICHNIS

PUBLIKATIONEN, DIE IM AUFTRAG DER „STILLE-NACHT"-
GESELLSCHAFT HERAUSGEGEBEN WURDEN:

DENKMÄLER DER MUSIK IN SALZBURG
EINZELAUSGABEN

Heft 1: Franz Xaver Gruber, *Deutsche Messe in D*
für drei Singstimmen, zwei Hörner, Orgel und Kontrabass.
Vorgelegt von Ernst Hintermaier und Gerhard
Walterskirchen. Comes-Verlag, Bad Reichenhall 1984. 40 Seiten.

Heft 2: Franz Xaver Gruber: *Missa in contrapuncto*
für vier Singstimmen, Orgel und Kontrabass. Vorgelegt von Ernst
Hintermaier und Gerhard Walterskirchen. Comes-Verlag, Bad
Reichenhall 1986. VII/28 Seiten.

Heft 3: Franz Xaver Gruber, *Deutsche Messe in Es*
für drei Singstimmen, zwei Hörner, Orgel und Kontrabass.
Vorgelegt von Gerhard Walterskirchen. Comes-Verlag, Bad
Reichenhall 1987. VII/28 Seiten.

Heft 4: Franz Xaver Gruber, *Die verschiedenen Fassungen des
Weihnachtsliedes „Stille Nacht, Heilige Nacht" und seine zeitgenössischen Überlieferungen.*
Vorgelegt von Ernst Hintermaier. Comes-Verlag, Bad Reichenhall
1987. VI/59 Seiten.

Heft 8: Franz Xaver Gruber, *Deutsches Requiem* für zwei (vier)
Singstimmen und Orgel. Vorgelegt von Thomas Hochradner.
Comes-Verlag, Bad Reichenhall 1991. VIII/22 Seiten.

Heft 12: Advent- und Weihnachtslieder für zwei Singstimmen
und Orgel. Vorgelegt von Thomas Hochradner und Gerhard
Walterskirchen. Comes-Verlag, Bad Reichenhall 1992. VIII/22
Seiten.

Franz Xaver Gruber, *Heiligste Nacht* für vierstimmigen Chor und
großes Orchester, Selke-Verlag, Salzburg 1994. IV/11 Seiten.

VERÖFFENTLICHUNGEN ZUR SALZBURGER MUSIKGESCHICHTE

Band 1: Franz Xaver Gruber (1787 bis 1863) *Thematisch-syste-
matisches Verzeichnis der musikalischen Werke.* Im Auftrag der
Stille-Nacht-Gesellschaft vorgelegt von Thomas Hochradner.
Comes-Verlag, Bad Reichenhall 1989. IX/161 Seiten.

Band 5: Thomas Hochradner, Gerhard Walterskirchen (Hg.), *175
Jahre „Stille Nacht! Heilige Nacht!",* Symposiumsbericht, Selke-
Verlag, Salzburg 1994. 254 Seiten.

„STILLE NACHT" ÜBERSETZUNGEN

Stille-Nacht-Übersetzungen:

- Afrikaans
- Akha
- Akwapim Twi
- Albanian
- Alur
- Amharic
- Andhra
- Ao Naga
- Apache
- Arabic
- Aranda
- Armenian
- Assamese
- Basque
- Batak
- Bengali
- Bicolano
- Bislama
- BoBo Madare
- Braille
- Breton
- Bulgarian
- Bulu
- Burmese
- Cajun
- Catalan
- Cebano
- Cebuano
- Chamorro
- Cherokee
- Cheyenne
- Chichewa
- Chin
- Chinese
- Chitumbuka
- Chiyao
- Cigogo
- Cree
- Croatian
- Crow
- Czech
- Dagbani
- Dakota
- Danish
- Dutch
- Efik
- Embera-Katio
- English
- Esperanto
- Estonian
- Ewe
- Fante
- Faroese
- Fijian
- Finnish
- Flemish
- French
- Frisian
- Ga
- Garo
- Gohnpeian
- Gragad
- Graubunden
- Greek
- Haitian
- Hawaiian
- Hebrew
- Hiligaynon
- Hindustani
- Hmong
- Hopi
- Hungarian
- Icelandic
- Illongo
- Ilocano
- Indonesian
- Inuit
- Irish-Gaelic
- Isnig
- Italian
- Jabem
- Japanese
- Javanese
- Kachin
- Kanarese
- Kannada
- Karanga
- Karen
- Kate
- Kebu
- Khiamngan
- Khmer
- Kikongo
- Kikuyu
- Kinyarwanda
- Kirundi
- Korean
- Ladin
- Lahu
- Lao
- Lapp
- Latin
- Latvian
- Lingala
- Lisu
- Lithuanian
- Lugbara
- Luxembourgish
- Macedonian
- Malagasy
- Malay
- Malayalam
- Maltese
- Manadonese
- Manggarainish
- Manx
- Marathi
- Miskito
- Motu
- Nabonob
- Naga
- Namur
- Navajo
- Nepali
- Nias
- Norwegian
- Ojibwa
- Pampango
- Pangasinan
- Papiamentu
- Pedi
- Persian
- Philipino
- Pidgin
- Polish
- Ponape
- Portuguese
- Ratoromanish
- Rumanian
- Russian
- Samoan
- Sango
- Sema
- Seneca
- Serbian
- Shona
- Sinhala
- Slovak
- Slovenian
- Sooruth
- Sorbic
- South Sotho
- Spanish
- Sunda
- Swahili
- Swedish
- Syriac
- Tagalog
- Tamil
- Telugu
- Thai
- Tigrigna
- Torajanish
- Trukese
- Tshiluba
- Tswana
- Turkish
- Ukrainian
- Urdu
- Venda
- Vietnamese
- Visiyan
- Welsh
- Xhosa
- Ye'kudna
- Yoruba
- Zulu